超專注力對策

SUPER CONCENTRATION HACK

伊庭正康—著

鍾嘉惠—譯

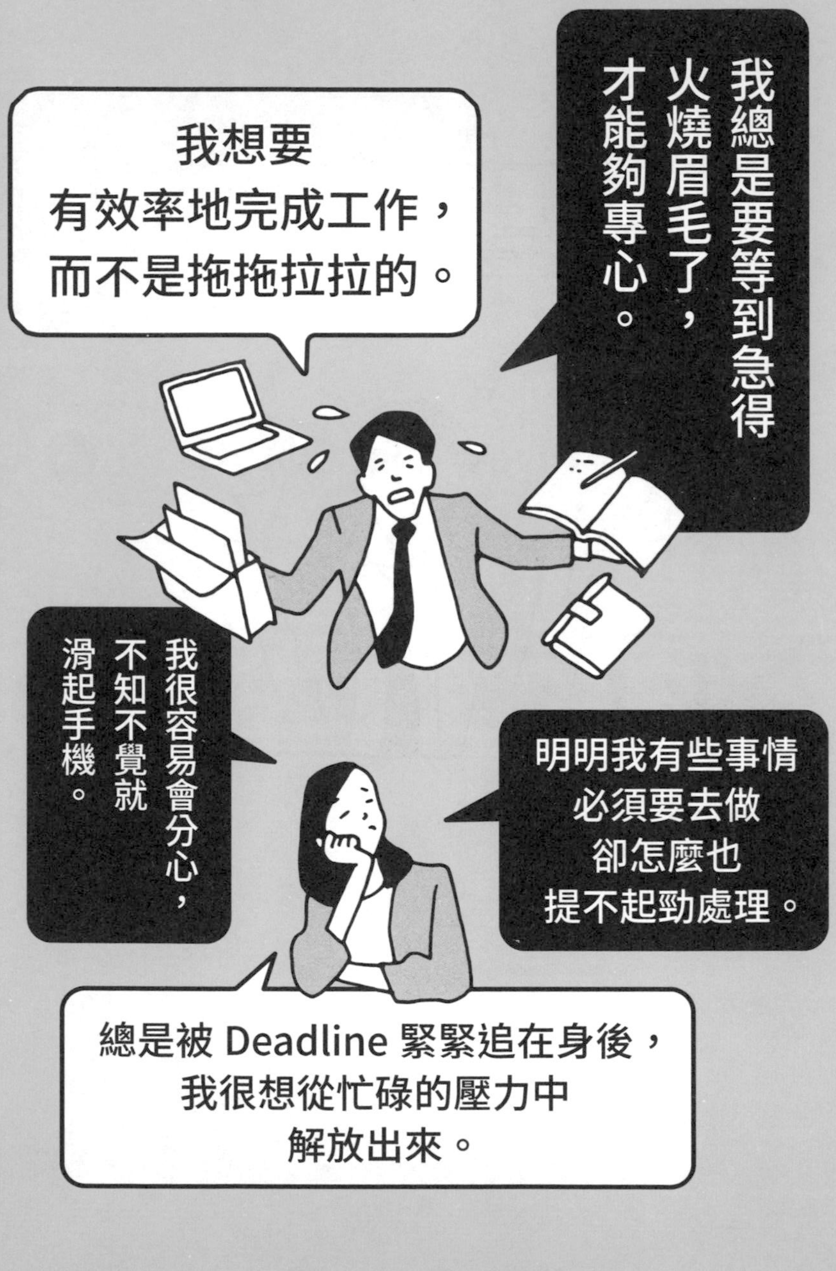
我想要
有效率地完成工作，
而不是拖拖拉拉的。
我總是要等到急得火燒眉毛了，才能夠專心。
我很容易會分心，不知不覺就滑起手機。
明明我有些事情
必須要去做
卻怎麼也
提不起勁處理。
總是被 Deadline 緊緊追在身後，
我很想從忙碌的壓力中
解放出來。

這本書是
專為內心之中
有著這類煩惱的朋友
而著書成冊的。

前言

為何現在特別需要「專注力」？

難以維持專注力

專注力是為了使人更有效率地完成工作，讓你的人生更加豐富多彩所不可或缺的技能之一。

不過，要保持專注力集中並不是件容易的事。

首先，周遭的環境、聲音、人的行動等等都會對你造成干擾。

每天不斷收到一堆自動發送的SNS、電子郵件通知，有時還會為噪音所苦。工作中被人搭話而打斷的情況也不算少見。

不僅如此。

還有來自自己內在的干擾。

焦慮、壓力、疲勞之類的因素也會妨礙你的專注力。

因此，在這本書中將為各位介紹以下這幾點：

- 為什麼需要提高專注力？
- 為什麼難以保持專注力？
- 怎麼做才能保持專注力？

抱歉，到現在才做自我介紹。

我叫伊庭正康，經營一家人才培訓公司，專為各大企業提供增加商務人士生產力的訓練。

每天在工作中會接觸到許多商務人士，從他們那聽到「想讓工作更有效率」、「想提高專注力」這類真實心聲。

以前，我也是被忙碌的生活牽著鼻子走，覺得自己也是在「專注力」方面有待加強的人之一，所以非常能夠感同身受。

實際上，過去的我即使處於火燒眉毛的情況中，卻不知怎麼地心裡一直掛記著電子郵件，或焦慮地頻頻查看日程安排而中斷手上十萬火急的作業。

每次發生這種情況我都很氣自己：「啊、啊！又搞砸了。」

必須提高專注力的理由

那麼，讓我們來思考一下為什麼需要提高專注力。

第1個理由，是為了「**有效率地完成工作**」。

在你的職場上，是否有像是「減少加班」等提高生產力的訴求呢？

但實際上呢？工作量別說是有減少了，更多時候其實是有增無減的。

當在這種情況下若要求生產力，勢必得想辦法提高「每小時的任務處理率」。

第2個理由，是為了「**充實私人的時間**」。

如果學會有效率地推進工作，時間上便有餘裕，得以享受更充實的私人時間。

除了工作之外，肯定還有許多值得我們珍惜的事物，例如：預留時間從事自己的興趣嗜好、養育下一代、投資自己，甚至是結識各種各樣的人。

第3個理由，是為了「**減輕壓力**」。

當你提高了專注力，就能按照自己的步調作業和工作。由於可以先處理掉比較麻煩的事，並在適當的時間點休息，因此能擺脫被時間追著跑的壓力。

另外，正如本書中所介紹的，當你處於專注狀態時會達到專心致志的「忘我」境界，等回過神來才發現自己甚至能做到所謂的「心流」狀態，讓工作一件接一件地順利進行。

提高專注力只需要唯一條件

然而，正如我之前所說，保持專注並沒有這麼容易。

要持續專注在一件事情上1個小時、甚至30分鐘都很困難。

你是否能夠專注於眼前的作業而不受智慧型手機的干擾？
你是否能夠專注於工作而不會冒出一些不相干的念頭呢？

如果只是一如既往地過生活，那幾乎是不可能的事。

那麼要怎麼做才能提高專注力並保持下去呢？

事實上，重要的不是意志力或努力。

而是「知其所以」。

本書中會為各位介紹如何充分發揮全腦的能力、有助於提高專注力的理論。

而且，這並非只是紙上談兵。**這些理論都是根據各種研究成果和心理學，介紹在實際商務應用中有所成效的理論。**

事實上，我自己也已經親身實踐過這些理論，並且實際感它們所帶來的效果。

當然，**不必將書中所說的全都做過一遍。**

請從中挑選幾項你認為需要的技巧實踐看看。與其囫圇吞棗地亂槍打鳥，將範圍縮小到所需要做的，才是最快掌握技巧的捷徑。

請務必將本書的內容付諸實踐，至少嘗試1項看看。

明天起，請找出要加以實踐的事項。

相信你的專注力肯定會有所提升，並且在未來會有一個更加豐富的人生等著你。

RASISA LAB股份有限公司代表董事、人才培訓講師

伊庭正康

《超專注力對策》目次

第1章

提高專注力，就能用4倍速完成工作

第2章 IQ變高！有助於提升腦部專注力的「習慣」

第3章 任何時候都能加快速度的「工作技巧」

第4章

如何製造意興闌珊時的「幹勁開關」

第5章 打造維持專注力的專注空間之「環境技巧」

第 1 章

提高專注力，就能用4倍速完成工作

01

CONCENTRATION HACKS

你的專注力只能維持20分鐘

每15分鐘休息一下
即可恢復專注力

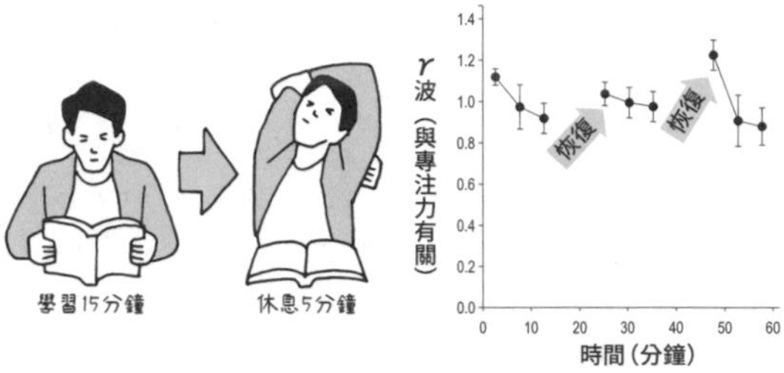

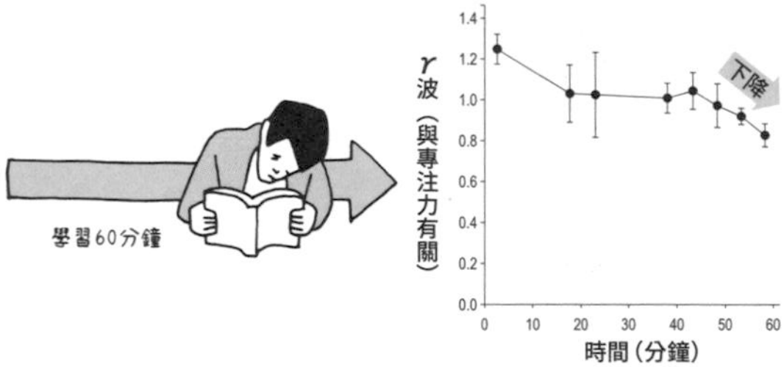

（東京大學　池谷裕二教授的研究）

「γ（Gamma）波」

即與專注力有關的腦波。

20分鐘過後便開始降低，40分鐘後急遽下降。

了解專注力的「極限」

回過神來，作業花費的時間居然已超出預期……。

仔細一看，居然還有錯字……。

我真是缺乏專注力呀……。

誰都會不禁發出這樣的感嘆，此時請不要急著責備自己。

會這麼說是因為，人類的腦部很遺憾地被設計成只能專注於一件事上約20分鐘的時間而已。

明明起初都很專注，但隨著時間過去，「花費太多時間」、「發生錯誤」等狀況會變得愈來愈理所當然。

因此為了保持專注力，**首先應當思考的是，該如何控制腦部這種只能專注20分鐘的習性。**

可以參考日本東京大學池谷裕二教授的研究會很有幫助。

這是池谷裕二教授與倍樂生股份有限公司（Benesse Corporation，推出《可愛巧虎島》的教育出版公司）在「進研研修會中學講座」中合作進行的研究。

這項研究比較中間不休息、持續學習60分鐘的小組，和每15分鐘休息5分鐘的小組的學習成效。結果發現同樣學習60分鐘，但中間有安排休息時間的小組測驗成績（英語單字）比較好。

請確認20頁的圖表。可以看出中間不休息的小組過了40分鐘後，與專注力有關的腦波（γ波）急遽降低。

由此可以知道2件事。

【專注力的真相】

- 20分鐘後專注力便會降低。
- 超過40分鐘便會急遽下降。

短暫休息的效果

一旦了解這項特點，相信大家都知道應該要怎麼做了吧。

正確答案是**多做短暫的休息**以保持專注力。

雖然說是短暫的休息，但稍微閉上眼睛、轉動一下頸部來拉拉筋也很有效。我在寫作本書時也會斟酌狀況，抓緊時間伸展一下身體、閉目養神、喝杯咖啡，或是試著重頭再讀一遍，盡量讓自己有喘口氣的時間。

請各位實際嘗試看看這個方法。相信你會感受到它的效果。

不要一直以為「我還可以」然後埋頭苦幹地做下去，避免發生這樣的狀況才是明智之舉。

POINT

中間稍作短暫的休息要比連續不斷地工作更能保持專注力。

02
CONCENTRATION HACKS

阻礙現代人集中專注力的「新敵人」

智慧型手機媒體的設計就是要讓人極度沉迷

「這就像是在螢幕中散播古柯鹼。」

（無限下拉〔Infinite scroll〕功能的開發者
阿贊・拉斯金〔Aza Raskin〕）

為什麼使用智慧型手機一滑就好幾個小時？

你是否常常會聽到這樣的說法：

「使用智慧型手機時要盡量設定時間。」

但我自己是未曾聽過有人能真的做到這一點。

這是因為有許多日常事務現在都要倚賴智慧型手機，例如時鐘、鬧鐘、時刻表、電子郵件……等等。

不過人手不離智慧型手機的原因，並非只有這樣而已。

你是否曾經下定決心「只用10分鐘」的手機就好，結果卻滑了1、2個小時而感到後悔過呢？

事實上，當你了解某個機制後就會知道，無論「只用10分鐘」的決心多麼堅定，到最後還是會把持不住的。

因為我們都是「注意力經濟的受害者」。

「注意力經濟（Attention economy）」是美國社會學家邁可・戈德哈伯（Michael Goldhaber）於數位社會到來的一九九七年提出，並自此傳播開來的概念。顧名思義，注意力經濟就是一種「互相爭奪消費者關注的經濟」。

現在各個智慧型手機的媒體，正在競相搶奪我們可自由支配的時間。利用能激起人們反應的照片、廣告文案不斷刺激著消費者，以爭取消費者的點擊以及停留於頁面的時間。讓人以為只是用一下子，卻不知不覺滑了1個小時的狀況，就是掉入他們設定好的劇本（陷阱）之中。

短影片的成癮性

短影片「無限下拉」的成癮性，近來成為眾人討論的話題。

你是否有過原本只是打算稍微看一下直式的短影片，不知不覺1、2個小時便過去的經驗呢？

據說預示繼續往下滑可能會有更好看影片的這類刺激，會促使腎上腺素分泌，使人心情亢奮而想著「還想看更多」，讓人們成了無限下拉的犧牲品。

假使你也想到一些類似的情況，不妨聽聽開發者的心聲。

事實上，開發者之一的阿贊・拉斯金（Aza Raskin）已經表達了他對「無限下拉」成癮性的擔憂。

「我並不知道它會如此令人沉迷。（中略）智慧型手機螢幕的背後毫不誇張地有1000名的工程師，他們無所不用其極地讓人們極度沉迷。**就像是把行為科學的古柯鹼散播在螢幕中，這就是讓人想要一遍又一遍觀看的原因。**」

這麼說來，小小的努力看來是難以與之抗衡的。這簡直就像是在一棟用巧克力打造的房子裡減肥一樣。

但是，其實還是有一些對策的。只需要妥善地與智慧型手機打交道就好。

在本書中也會介紹一些技巧，讓你不會中了他們的計。

POINT

「不要看智慧型手機」只是說好聽的。要知道不能期望光靠努力，就戰勝智慧型手機的誘惑。

03
CONCENTRATION HACKS

鍛煉專注力，即可用2小時做完8小時的工作

一旦提升專注力，生產力和生活品質也會提高

美國印地安那大學的調查顯示

高度專注的人，生產力會提高400%以上。

我們為什麼需要鍛煉專注力？

說起來，我們為什麼需要鍛煉專注力呢？

我是這麼想的：「鍛煉專注力即是『掌握幸福人生的護照』。」

暢銷書《人生4千個禮拜》（奧利佛・柏克曼著，繁體中文版由大塊文化出版）中有段文字就在表達這樣的意思：「人的一生比我們所想的要短暫。即使活到80歲也頂多4000個星期。哪有閒工夫去把毫無意義的事情做好。」

很多人都贊同這樣的觀點，我也是大為欽佩此觀點的人之一。

但我要在此提出反駁：「不做沒意義的事就好了嗎？我們在職場中，有時即使覺得毫無意義也必須做。況且還有上司的指示，和與相關人員間的協調……。」

實際上，如果你在亞洲文化的組織裡做事，很多工作上的事情是無法按照自己的意思去做的。

儘管如此，還是有「從中獲得自由的訣竅」。

那就是本書所介紹的提高「專注力」。

專注力提高後產生的效果

首先，所謂集中專注力的狀態，到底是一個怎麼樣的狀態呢？

我是這麼認為的。**將專注力集中於特定任務上「一段時間」而沒有分心。**想像起來就是無論周遭的動靜如何，完全不為所動，全心投入其中到幾乎忘了時間，使得工作迅速進行的狀態。

研究發現，提高「專注力」不僅能提高工作效率，還能增進生活的品質。在這邊讓我分享一個有趣的研究。

二〇一二年美國印地安那大學針對63萬人所做的**調查中得出一項結論：具有高度專注力的人，生產力會提高400%以上。**

這意味著可以用2小時做完原本需要耗費8小時的工作。

事實上，我自己也親身感受到這一點。

坦白說，以前的我是個拚命加班的工作狂，以至於身邊的人都為我感到擔心……。

但自從我學會提高專注力的方法後，生活完全為之一變。

即使是從事業務工作時期，我也不再加班。但我卻獲得全國業績第1名的表揚。

現在，我一年有2百場的培訓課。但仍保持早上會去健身房運動的習慣。

我以一年5本的頻率出版書籍，但也不忘經常更新YouTube。

我會一次休3個星期的長假，與家人團聚，並一起去打高爾夫球。但在我記憶中卻幾乎未曾感到有「啊！忙死了」這種的負面情緒。

我相信只要提高專注力，任何人都能做到這樣的境界。這是曾經讓周圍的人擔心的我，從自身經驗所得到的確切信念。

POINT

只要提高專注力，就能從忙碌中解脫，能夠去做「自己想做的事」。

04
CONCENTRATION HACKS

「多工效率高」是騙人的

當試圖同時做2件事時，專注力就會頓時下降

「多工（Multitask）」

就是單純在做任務切換（切換作業）而已。
錯誤會增加，專注力則降低。

著名的小丑實驗

讓我們先理解一件事：「**人無法同時做2件事**」。

美國西華盛頓大學所做的一項實驗，可為這句話提供參考。

實驗中讓一名裝扮誇張的小丑騎著獨輪車穿越校園的廣場，並調查有多少比例的人會注意到小丑。

研究人員訪問廣場上的350名學生後得到的結果如下：

- 正常走在廣場上的人——全部都有注意到小丑。
- 邊走邊講手機的人——只有8％的人有注意到。

光只是講手機就會讓專注力下降到這種程度，著實令我感到非常驚訝。

那麼，你想不想自己也實驗看看？

可以利用哈佛大學研究室製作的影片來檢視。

請在網路上搜尋「selective attention test」，這是由丹尼爾・西蒙斯（Daniel

Simons）博士發布的YouTube影片。

你會找到一群年輕人在電梯前傳接籃球的影片。先從「穿白色T恤的人互相傳了幾球？」這類問題回答起。接下來還有其他問題，但因為講出來就會透漏題目了，所以我只說到這裡。

我可以回答出傳接籃球的次數，但之後的問題便答不出來了。

這是最適合讓你自覺到「我果然也沒辦法一心二用」的影片，請務必試驗看看。

人無法一心多用

有識者說，多工（Multitask）是提高工作效率的捷徑。

但那其實是誤解了多工的意思。這一句的說明不夠完整。

所謂的多工，只是單純在進行任務切換（切換作業）罷了。我稍後會解釋，其實我們腦部的構造一次只能處理「一件事情」。

你有過在會議上一邊跟人交換意見，一邊偷偷回覆電子郵件的經驗嗎？

這其實只是你停止了「交換意見」，改去執行「回信」的任務。但有件事需要進一步釐清。

這時是你對主要任務「交換意見」的專注力下降，而分心去「回信」，因此回覆的郵件內容中出現錯字的可能性會變高。

因為**腦部在構造上是無法迅速切換任務的。**工作確實會完成。但你會發現這不是正確的時間利用方式。

首先，讓我們理解「一心多用是不可能的」。

有了這樣的理解後，本書要為各位介紹多工時應該要注意什麼和如何面對多工的狀態。

POINT

當你「一心多用」時，專注力會急遽下降。

05

CONCENTRATION HACKS

為什麼會發生「忘記放到哪裡」的情況？

我們能夠同時處理的資訊比想像中的還要少

「工作記憶」

為記憶的工作台。

可存放的資訊平均為數字5個、文字6個。

認識工作記憶的極限

為什麼多工會導致腦部的表現下降這麼多呢？

那是因為它**超過了腦部中「工作記憶」的極限。**

所謂工作記憶指的是暫時存放資訊的「記憶的工作台」。

想像起來就是我們在做ＤＩＹ時會用到的「工作台」。

你是不是會把榔頭、螺絲釘、螺絲起子等的工具，事先拿出來擺在工作台伸手可及的地方呢？而不會每次都要特地走到遙遠的倉庫去拿吧？

我們在進行某項作業時也是如此。如果要一一去長期記憶（倉庫）提取資訊的話，需要花費很多時間。

因此才會把需要的資訊留在工作記憶裡。

可是，這裡會遇到一個麻煩。

這個工作記憶的容量比我們想像的還要小。平均只能存放6個單位的訊息（數字的話是平均5個、文字的話平均6個）。

讓我們來做個實驗。請記住以下的數字。

【第1題】 141421356

【第2題】 0120843610

分別是9個數字和10個數字。如何呢？記得住嗎？我自己是記不住的。

如何廣泛利用工作記憶

可是如果你知道這些數字是文字遊戲，應該就能輕鬆地記住它。

141421356是$\sqrt{2}$的近似值，中文的背誦口訣是「意思意思而已想我囉」。

0120843610是起源於大阪的中古車收購店Upohs的電話號碼，日文的背誦口訣是「free dail Ha-Yo-Mi-Ro-Wa-Re（「0120」是日本免付費電話〔free dail〕的開頭碼。整句的意思是免付費電話快來看我）。

現在你是不是記得住了呢？

因為這是把多個訊息整合成一個，以突破平均只能存放6個訊息的工作記憶容量極限，也就是一般所說的「**塊狀化**」，所以比較容易記住。

多工就是一種試圖把更多訊息擺在狹小的工作台（工作記憶）上的行為，但因為實際上硬擺還是會放不下，結果就是效率會降低。

為了提高專注力，首先必須妥善利用這個「狹小的工作台（工作記憶）」。為此有各式各樣的方法，本書稍後會介紹到。

POINT

工作記憶比我們想像中的還要小。平均只能記住6個訊息。

06
CONCENTRATION HACKS

提高專注力的「3個技巧」

透過有實際認證的3個技巧提高專注力

「習慣」、「任務」、「環境」

不要試圖嘗試全部的技巧，選擇自己適用的付諸實踐。

光有理論並無法實踐

我是個教導人如何提高生產力的實踐家。

然而，我並不認可介紹經驗法則和表面技術的做法。

畢竟，我的使命就是閱讀有關專注力的眾多書籍、論文，並分享在實踐場域如何有效運用這些有實際認證的技巧。

此外，我也不會要別人根據研究結果原封不動地付諸實踐。

「不使用智慧型手機」、「打造一個不受干擾的環境」，就理論而言雖然正確，然而在親身實踐時肯定會感到受挫。

第2章以後我將為各位介紹具有實證效果而且務實的方法。

具體來說，我將穿插著介紹以下3種實踐的技巧。

「**習慣方面的技巧**」——日常的小習慣可以養成提高專注力的體質。這方面會介紹一些立刻能做到的習慣以提高專注力。

「**任務方面的技巧**」——有些工作確實令人提不起勁，例如：文件製作、回覆大量電子郵件等。將會介紹一些不受當下幹勁或心情左右而能保持專注的方法。

「**環境方面的技巧**」——已有許多證據指出環境會影響人的專注力。本書會介紹當中一些在親身實踐時馬上能使用到的技巧。

不必「全部」嘗試

本書會為各位介紹許多技巧。

但請不要全部都做。這是因為每個人之間會存在著個別差異。

比方說，有人工作時喜歡聽著背景音樂，也有人在無聲的環境中比較能專注。

我建議的做法是，**從自己覺得「想嘗試看看」的技巧做起**。我會說明什麼樣的人適合該項技巧，還請各位多加參考。

排出優先順序後，先試試看排在前1～3個的技巧。

一旦決定要做，就要持續一段時間。

這肯定比東做一點、西做一點，更能對提升專注力帶來影響。

再者，縮小實踐的範圍也是提高專注力的技巧之一。

POINT

因為每個人有個別差異，所以不要盲目相信研究結果。鎖定1～3個適合自己的技巧去實踐。

COLUMN

1

專注有「4種模式」

在這之前已經先跟各位提過，有研究指出專注力一旦提高，生產力會上升400%。有項研究可用簡單易懂的方式解釋其中的原因。

那就是英國倫敦帝國學院的羅伯特・利奇（Robert Leach）教授等人發表的「4種專注」。青砥瑞人所著的《4 Focus 頭腦清晰的4種專注》（暫譯，KADOKAWA）中，對此有詳細地記述，有興趣研究的朋友不妨參閱該內容。

談到專注力，我們往往以為就是「不左顧右盼，集中專注力於一件事情上」，但只是這樣並不足以提高生產力。**善加運用以下4種的專注模式才是提高生產力的捷徑。**

首先讓我們來認識這4種專注模式吧。

第1種專注模式是「**初階專注**」。

- 意指專注力集中於眼前的任務。即一般所說的專注。
- 想像起來就是「不左顧右盼，集中專注力於一件事情上」。

第2種專注模式是「**銘印專注**」。

- 意指集中精神深入思考。
- 想像起來就是深思細究，「尋找解決問題的方法」、「思考本質」、「啟發思考靈感」這類的專注。

第3種專注模式是「**俯瞰專注**」。

- 意指縱觀全局並運用「直覺」的專注。
- 想像起來就是「快速翻閱書本，瞬間掌握要點」、「被要求製作文件時立刻知道『重點』是什麼」這類的專注。
- 它是建立在「記憶」和「經驗」的基礎上，因此有必要對該領域熟練到一定程度。

第4種專注模式是「**自在專注**」。

- 即做白日夢、自由發揮想像力的狀態。
- 想像起來就是「洗三溫暖時忽然想通了，煩惱迎刃而解」、「旅途中眺望著風景時靈光一閃想到什麼點子」這類的專注。

本書主要要介紹的是最基本的「初階專注」。

不過，了解如何使用「銘印專注」、「俯瞰專注」跟「自在專注」的模式將能幫助你更進一步提高生產力，所以也會以專欄的形式介紹這些專注模式的實踐方法。

第2章

IQ變高！有助於提升腦部專注力的「習慣」

07

CONCENTRATION HACKS

將「目標」具體化到列出個別行動

完成一件任務後就像推骨牌一樣繼續下一個任務

美國紐約大學的研究顯示

事前如果計畫好「什麼時候要做什麼事」，目標達成（完成）率會上升40%。

▼「具體的目標」比「模稜兩可的目標」好

不管執行任何任務都有可能會發生「中途鬆懈」的情況。

針對此情況的因應之道，是先清楚設定「什麼時候要做什麼事」，再開始著手執行。

藉由這樣的做法，你就能像推骨牌似一樣接一樣地完成手上的任務。

此時美國心理學家洛克（Edwin A. Locke）所提出的「目標設定理論」會很有幫助。

這項研究證實了**設定「具體的目標」，而不是「盡最大努力」這類「模稜兩可的目標」，更能夠幫助你完成任務，即便那是高難度的任務。**

舉例來說，假設你要製作一份多達30頁的企劃書。

這可是件相當辛苦的工作，稍有鬆懈可能就趕不上截止期限。

那麼，你認為接下來列出A跟B兩人的做法，哪一個是可以確實完成的做法呢？

A：明確定出「要在這星期內做完」的期限後再開始做。

B：制定詳細的計畫後再著手製作。
星期一，上網查業界資訊。
星期二，向前輩請教網路上找不到的資訊。
星期三，著手製作。完成15頁。
星期四，製作剩下的15頁。
星期五，檢查之後以電子郵件傳給客戶。

在這個例子中，正確答案是B。

▼ 定出「什麼時候」、「做什麼事」

紐約大學心理學教授彼得・戈爾維澤（Peter Gollwitzer）曾發表過一個結論，**只要事前規劃好什麼時候做什麼事，目標達成（完成）率就會提高40％。**

因為完成一項任務後不用再去分神思考「接下來要做什麼」，便能如同推骨牌一般緊接著手執行下一個任務。

比方說，「星期一上網查完資料」，接著馬上「向前輩請教」。再緊接著，「請教」完後立刻「著手製作企劃書」。

首先，讓我們平時在採取行動前，連「做什麼」之類的執行層面也要設定好，而不只是定出「什麼時候」要完成的期限。

POINT

如果在著手做之前先設定好「什麼時候要做什麼」，達成率就會提高。

08

CONCENTRATION HACKS

不論任何時候都要貫徹只做單工作業

多工作業反而會降低效率

「皮質醇（Cortisol）」

即壓力荷爾蒙。

在執行多工作業時，不僅出錯率會增加，

還會促使身體內分泌出這種荷爾蒙。

▼「看似在聽，其實沒聽進去」的機制

開會時一邊聽著別人的發言，卻也一邊偷偷地查看電子郵件……。

在製作資料的同時，也在確認今天的預定事項……。

當你忙碌時，是否會忍不住同時做好幾件事呢？

如果是的話，那可要多加小心。

你要明白，這是一種典型的看似有效率，其實效率很差的做事方式。

因為經過實際驗證已經知道，我們人類腦部的工作記憶容量其實很小，只能專注於一件事情上。所以如果同時做2件事就會超過它所能承受負荷，陷入以下的狀態：

- **出錯率增加。**
- **運用資訊的能力（稱為知識轉移）降低。**

的確，當我們在會議中偷偷查看電子郵件時，即使主持會議的人問說「有沒有什麼

疑問？」我們也頂多只是回答「目前沒問題」。

但是，如果被問到：「你認為在實務現場能怎樣運用？可否提供2個左右的點子？」應該就會回答不出來了。

而這就是你無法集中專注力的證據。

所以，為了確實集中專注力，我們有必要抑制想同時執行多項作業的衝動，堅持「單工作業」。

關於這點我要懺悔，不久前自己也才剛發生這樣的事。

在一邊吃早餐、一邊聽聲音版（Audiobook）的日經新聞時，聽到有個關於我客戶的報導。雖然是不自覺的，但我應該很專心在聽那則新聞，以至於把正在料理的魚整個煎焦了。

執行多工作業很容易心浮氣躁

我再補充一點，研究也已經證實，當我們同時處理好幾件事情時會產生負面情緒。因為這會促使體內分泌一種叫「皮質醇（Cortisol）」的壓力荷爾蒙。

試想當你在家工作時，小孩如果開始吵鬧，你會怎麼樣？應該沒辦法心平氣和吧？

在有識者中也有一些人主張「要在不會被打擾的環境中工作」。

這確實有它的道理，但以日本的居住環境來說，要完全照做應該不實際吧？既然如此，我認為當環境吵鬧時「暫時停止工作，休息一下」才是上策。

POINT

如果你想專注在工作上，請下定決心——不要同時處理多項任務。

09
CONCENTRATION HACKS

要抵擋「任務切換」的誘惑

要下定決心
絕對不要「切換任務」

美國南加州大學的研究顯示

分心只需0.1秒，但恢復專注力卻需要23分鐘。

▼「一下下」的誘惑

我們常會對下列突如其來的刺激做出反應。

「在電腦上作業時突然對紊亂的桌面感到在意，因而收拾了一下。」

「製作資料做到一半突然擔心起電子郵件，查看一下信箱。」

根據美國南加州大學的研究證實了。

專注力分散只需0.1秒。

然而，**要恢復原本的專注狀態卻需要23分鐘。**

既然如此，我的提議如下：

請盡可能避免切換任務。

在二〇一七年奧斯卡頒獎典禮上，發生的不尋常騷動無疑為我們展示了任務切換是多麼的危險。

當時獲得最佳影片獎的電影是《樂來越愛你》。

在全場的掌聲下，所有相關人員都登上舞台了。

他們在一片叫好聲跟鼓掌聲中，導演跟演員依序發言表達內心的喜悅和感謝，就在這感人的時刻不尋常的事情發生了。

舞台上開始有點鬧哄哄，同時主持人也慌張地如此宣布：

「不是《樂來越愛你》，是《月光下的藍色男孩》才對。最佳影片是《月光下的藍色男孩》。搞錯了！」

場內一片譁然。

這是名留史冊、令人印象深刻的罕見事件。

在SNS上發文當然也是任務切換

事後調查得知，當時負責將信封拿給主持人的工作人員在後台做了任務切換。

原來該工作人員在交付信封前，正在X（原Twitter）上發文。

事情的始末是這樣的：

- 他在X上發布頒獎典禮的實況。
- 發布到一半時去執行交付信封的任務。
- 結果拿錯了信封。

正確地交付信封這點小事，理應連小孩子都做得到。

但因為在那之前他原本在發文，才沒有順利切換任務（這次罕見的事件也被公開在YouTube上）。

POINT

封印「只是一下下」的念頭。下定決心不切換任務。

10
CONCENTRATION HACKS

若有事讓人分心，就把它寫在紙上

消除分心的煩惱

啊，對了！
給上司回電子郵件
訂購墨水
預約明天的會議室

「Parking Lot」

腦中如果閃過與工作不相干的念頭
就寫在紙上，以防止任務切換。

1張紙就讓專注力集中不分散

即使是修練到極致的僧侶也總會有煩惱。據說，在煩惱浮上心頭時，讓人用板狀的警策棒用力拍打可使自己恢復平靜。

不過，我們不可能請上司用警策棒鞭策我們。

因此，**要介紹的是一種利用「Parking Lot」使自己恢復平靜的方法。**

讓我解釋什麼是「Parking Lot」。

它的意思原本是停車場，但其實在這裡講的是會在會議中使用的一種技巧。當出現偏離議題但又不容忽視的意見時，先將它記在白板上，這種技巧就叫Parking Lot。

所以此做法就是將這種手法應用到個人的工作上。

我們在工作時，一定會有腦中忽然閃過諸如「啊，對了！得發電子郵件給那家公司」之類，與手頭作業無關的念頭而使得專注力分散的時刻。

這方法就是當下先把它寫下來。記在一張紙上也ＯＫ。

這麼一來，在當下就不必分神去思考「該怎麼寫那封信好呢」之類的事，所以不會導致專注力分散。

我工作時也會經常想到別的事，每次想到就立刻把它寫在隨身攜帶的記事本上。記事本便成為我的Parking Lot（停車場）了。

如何避免浮現「覺得只是一下下而已，沒關係」的念頭而切換任務，是保持專注的試金石。

煩惱比我們所想的要難纏

不過，我們真的能夠靠理性就遏止煩惱嗎？

結論是「只要我們還活著就不可能」。

根據學習心理學的研究，我們人類具有認為「現在」比「未來」更有價值的傾向。

這種**心理效應被稱為「時間折扣（Delay discounting或Temporal discounting）」，即**

認為愈遙遠的未來，價值愈低。

換句話說，認為「現在回信」比「稍後回信」更有價值，是我們基於本能的偏好。

既然如此，我們就要利用這種偏好，將「現在馬上記下來（Parking Lot）」設為具有價值的選項。

我也會這麼做。在親自嘗試之後，我確實感受到自己能克服強大的誘惑。

POINT

腦中雖然閃過與作業無關的念頭，但只要記下來，仍舊能保持專注。

11
CONCENTRATION HACKS

類似的作業要集中一起做

作業要「化零為整」

任務切換的壓力

集中一塊處理可以讓你擺脫
「這個也要做、那個也要做」的壓力。

任務處理要盡量「一筆劃」完成

前面已經談過，執行多工作業會導致專注力急遽下降。

因此，保持專注力的關鍵就是依序處理任務，而當在這種時候也有一套理論可以提高人的專注力。

那就是「類似的作業集中一起做」。

當回顧你的一天，是否發現自己分別在不同的時間點做著類似的工作呢？

比方說，電子郵件就是這類工作的其中一種。假設你查看收件匣，發現裡頭有好幾封電子郵件。這時你要「集中一起處理」，而不是只檢查信件。例如像這樣：

- 查看電子信箱。
- 當下可以馬上回信就立刻處理。
- 如果需要調整日程表就當場調整，並立刻回信。
- 假使馬上回信有困難，當下先記在日程表上，以免忘記。

就是像這樣**「化零為整」，盡量「一筆劃」地完成任務。**透過這種方式可以讓你擺脫「這個也要做、那個也要做」這類任務切換的壓力。

可以「化零為整」的工作例子

接著再介紹一個例子。當會議要結束時可以像這樣應用：

- 會議結束。
- 在結束的時候當場決定下次會議的日程。
- 同時預約好會議室。
- 會議結束後馬上整理好會議紀錄，再透過電子郵件發送「會議紀錄」以及「下次會議室的資訊」。

這方法也可以用於銷售。雖然每天都要與客戶洽談業務，但如果「化零為整」，就能進一步提高專注力。

- 商談後走出客戶的公司。
- 一出來到馬路邊，就用智慧型手機向客戶發送感謝信。
- 並且當場用智慧型手機向公司回報結果。

覺得這樣的做法如何呢？如果是分別處理這些作業，可能在開始做的時候要花費額外的精力去回想「那件事後來的結果是怎樣啊……？」之類的。

請務必養成習慣將作業「化零為整」一次做完。

POINT

分別進行類似的作業得花費額外的精力。集中一起處理將能提高專注力。

12
CONCENTRATION HACKS

實在想多工作業就要夠「熟練」或利用「檢核表」

不使用工作記憶的話
就能一心多用

「流程檢核表」

把待辦事項先寫下來就能釋出工作記憶。

同時處理13人份點單時的「腦內風景」

前文中告訴大家要徹底排除多工作業的情況。

但是，光這樣說並不足以解釋一些情況。

家母以前曾經營過一家咖啡廳。

有一幕場景我至今仍記憶猶新。她曾經一人同時處理13人份的訂單。

她一邊做蛋包飯，一邊用另一把平底鍋烹調義大利麵，同時還用放在身後的烤麵包機烤吐司，並沖泡咖啡、接受客人點單等……。

正是所謂的多工作業（同時處理多項任務）。

事實上，多工作業要真的派上用場，只有在符合1項條件時。

那就是「熟練到能夠下意識地完成任務」。

如果夠熟練，能在不知不覺間做到，那麼多工將會帶來生產力的提升。

我要解釋一下。

這種下意識地完成任務、完全沒在思考的放空狀態，就是進入所謂的DMN（預設模式網路，Default Mode Network）。

把它想成幾乎沒使用工作記憶的狀態，就會比較容易理解。

駕駛汽車也是如此。

踩離合器、打排擋，同時轉動方向盤……。

即便是一開始感覺像特技的複雜操作，久而久之便熟能生巧，能夠在不自覺的情況下開車。如果是這種狀態，即便是多工作業也沒問題。

靈活運用「流程檢核表」

我以前曾擔任過徵人廣告的業務員。

每到截止期限前，我每天都在連一個字也不能出錯的情況下寫文案，同時與其他客戶核對文字，並向登記部門提交另一位客戶的申請書（合約）。雖然這無疑就是多工的狀態，但即使是剛進公司的菜鳥也能完成這一系列的工作。

這是因為有「流程檢核表」。

也就是透過記錄下「做什麼事到什麼程度」，就不需要靠記憶，而能擺脫工作記憶的限制（和Parking Lot一樣的思維）。

這麼做會讓你在執行不需要純熟技術的任務時能夠多工，即使對該任務並不熟練。相信也會面臨到實在不得不進行多工作業的時候，比如臨近截止期限時。這時準備一張「流程檢核表」也會很有效。

POINT

禁止同時處理多項任務是基本原則。但已熟練的作業例外。即使還不熟練，只要做到檢核流程就能夠應付。

13
CONCENTRATION HACKS

愛惜能量的話，比起夜晚趕工，不如留待早晨處理

早上工作真的會提高效率！

「能量預算」

人的能量和預算一樣。
在意志（能量）尚未消耗的早晨更能專注。

「能量預算」的概念

由美國南達科他大學行為經濟學家X.T.王以及心理學家羅伯特・德沃夏克（Robert Dvorak）提出的「能量預算」概念，給了我們一個可以提高專注力的線索。其概念的內容如下：

- 能量（意志的強度）是專注力的來源，它和預算是一樣的。
- 因此，有能量時可以集中精神全速工作。
- 不過，累了就要像節省開銷那樣進入節約模式。

既然如此，如果要在專注力更高的狀態下工作，「什麼時間」會比較好呢？

最適合的就是一天中「意志（能量）」尚未耗盡的「早晨」。

我自己也是如此做的。不出所料，早晨的專注力比晚上好。

順帶一提，我寫這篇文章是在清晨的4點45分。前一天就先決定「好！明天要專心寫文章」，便在晚上9點便上床睡覺，所以今天比平時更早起床寫作。

事實上因為是清晨時沒有做其他事，所以「意志（能量）」滿檔。現在仍然在沒有背景音樂、無聲的狀態下繼續埋頭寫作。

如果早上爬不起來，也可以不用那麼早起。

最好在「意志（能量）」尚未耗盡的時候——**在「上午」做你想專心做的事。**

伊藤忠商事的奇蹟

伊藤忠商事的網站首頁上登載了一則有如奇蹟的訊息。

二〇一三年因實施早班制，**生產力因而上升了5.2倍（二〇一〇～二〇二一年）。**這是我從未聽聞的數字。

更有甚者，日經商業雜誌（二〇二二年・十月）報導了伊藤忠商事的奇蹟，文章中指稱因實施「早班制」，**使得「總和生育率」（代表一名婦女生育子女的總數）激增，二〇〇五年成長0・67倍，二〇二一年成長1・97倍。**

「伊藤忠商事的早班制概要」※參考自官方網站

- 晚上8點～10點原則上禁止工作；晚上10點～翌日5點禁止工作。剩下的工作留到翌日早晨。建議早班上班時間為5～8點。
- 7點50分以前開始工作的話，將比照大夜班發給加成工資（25％）。

這就是生產力提高後的結果。

的確，當你身體力行「早起」的生活形態，你會驚訝地發現自己竟能如此專注。請務必嘗試看看。

POINT

「意志（能量）」和預算一樣。
若想集中精神，建議在預算充足的「晨間」工作。

14
CONCENTRATION HACKS

在自己的「最佳時段」工作

配合你的時型，專注力就會提升

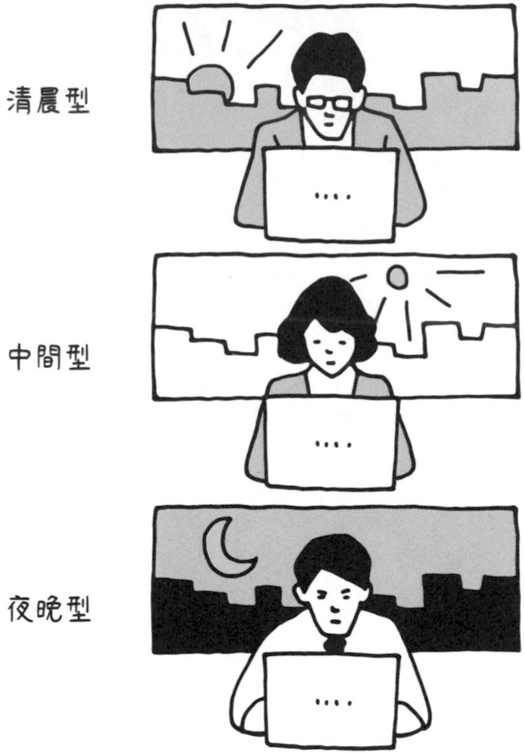

「時型（Chronotype）」

即清晨型還是夜晚型的個體差異。讓工作時間與自己的時型一致，將會提升工作表現。

是「夜晚型」還是「清晨型」因人而異

我剛才告訴大家「早晨」的時間比較能集中專注力。

但其實這其中還是存在著個體差異。

在保持專注力上，重要的是徹底了解自己是「清晨型」還是「夜晚型」的人。了解之後，當工作沒做完時是要「隔天早上再做」好呢？還是「就繼續埋頭做完」比較好呢？建立出自己的作業方針很重要。

不過它確實會隨著年齡而改變，但事實上，一個人是「清晨型」還是「夜晚型」，是取決於他的基因。這樣的個體差異被稱為「**時型（Chronotype）**」。

東京醫科大學的官方網站介紹了一篇十分有趣的研究論文。

- 清晨型的人如果晚睡，生產力會降低。
- 夜晚型的人如果早起，生產力會降低。

而且還有一段這樣的敘述。

- 一旦從事違反自己時型的工作，如清晨型的人上「大夜班」、夜晚型的人上「早班」，會產生各種健康上的問題，比如罹癌風險增加、死亡率上升等等。

「上午生產力高」、「擅長時間管理」的人屬於清晨型；如果是「傍晚引擎才開始啟動」、「到了晚上仍然能集中專注力」的話，應該可以視為夜晚型。

你屬於何者？

《什麼時候是好時候》（丹尼爾・品克著，繁體中文版由大塊文化出版）裡有項研究很值得參考。即時間生物學家瑪莎・梅洛（Martha G. Mellow）和提爾・羅恩貝格（Till Roenneberg）所做的研究。

- 清晨型占14％（假日睡眠時間的中間時刻是0點到3點半）。
- 中間型占65％（假日睡眠時間的中間時刻是3點半到6點）。
- 夜晚型占21％（假日睡眠時間的中間時刻是6點以後）。

首先，不妨先了解你的時型屬於哪一種類型，再據此判斷沒做完的工作要「留到隔天早上」還是「繼續做下去」。

另一方面，年齡是僅次於基因的影響因素。隨著年歲增長人會愈來愈早起，所以也可以依自己的年紀做調整。

讓工作時間與時型一致稱為「同步效應」。

專注力無法集中時，不要一味地勉強硬撐，不如去發覺自己的最佳工作時段。像我就會刻意留到早晨再做。

POINT

一個人是「清晨型」或「夜晚型」取決於基因。了解自己的類型，再決定「剩下的工作」要什麼時候做，也是提高工作表現的關鍵。

15
CONCENTRATION HACKS

首先目標是睡眠7小時

6小時的睡眠無法
讓專注力提升到最大限度

〈工作記憶的活躍度〉

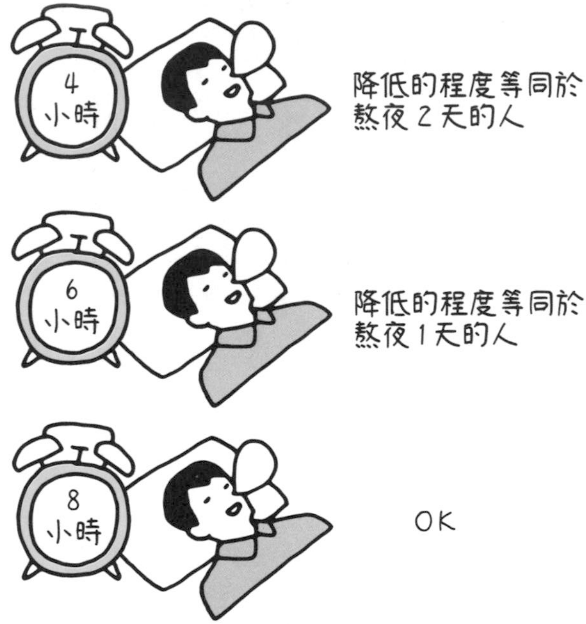

美國華盛頓州立大學的研究顯示

一旦連續多日睡眠少於6小時，就等同於酒醉一樣。
不過也存在個體差異。

睡眠不足跟酒醉一樣？

美國史丹佛大學的心理學家凱莉・麥高尼格（Kelly McGoniga）在她的《圖解史丹佛大學的自我改變課》（繁體中文版由先覺出版）書中如此寫道：

「**不到6小時的睡眠會弱化你的腦部。**」

確實，我們應該都實際感受到睡眠不足會削弱人的專注力。那麼，我們應該要睡多久好呢？

美國睡眠醫學會建議一天要睡7小時以上。

此外，我還要為各位介紹一項證實這說法的有趣研究。

美國華盛頓州立大學的漢斯・凡・當根（Hans Van Dongen）教授，是研究睡眠與工作表現相關性的專家，他的研究令人震驚。

・首先，分成3個群組。

（睡眠時間分別為「8小時」、「6小時」和「4小時」的3組人）

- 正常生活14天後，測驗工作記憶的活躍度。

↓4小時睡眠組的工作記憶能力——降低的程度等同於熬夜2天的人。

↓6小時睡眠組的工作記憶能力——降低的程度等同於熬夜1天的人。

這就說明了，為什麼睡眠不足就像是酒醉的狀態。

也存在著個體差異

但肯定也有人的體質是「沒辦法連續睡7小時」。

所幸日本厚生勞動省的官方網站上，有則令人安慰的訊息——

「**睡眠時間存在個體差異。白天感覺不舒服才是問題。**」

因此，假使你嘗試睡7小時，但不用鬧鐘叫醒你，只睡了6小時**就感到神清氣爽的話，那大可不必在意沒有睡好睡滿；**但如果是等到鬧鐘響了才勉強起床，並且感覺身體很沉重的話，就應當重新評估你的睡眠時間。

話雖如此，但日本厚生勞動省的調查指出，30～40%的成年人（3人中有1人）竟然都有某種形式的失眠症狀。不過，對此有以下的一些對策：

- 小睡一下——即睡午覺15～30分鐘。它已被證實可有效恢復專注力。
- 建立睡眠儀式——「入浴」、「運動」也被證明具有改善睡眠的效果。

以我的情況來說，在預計要晚上9點就寢的那天，會去上「健身房」運動。而且有研究顯示，傍晚以後的運動訓練尤其會對睡眠產生有利的影響。我真心推薦這個方法給失眠的人。

POINT

首先，以睡眠時間7小時為目標（因有個別差異，此為大致的目標）。

16
CONCENTRATION HACKS

稍微改變呼吸的「吐氣方式」

緩慢吸吐，以提高心率變異

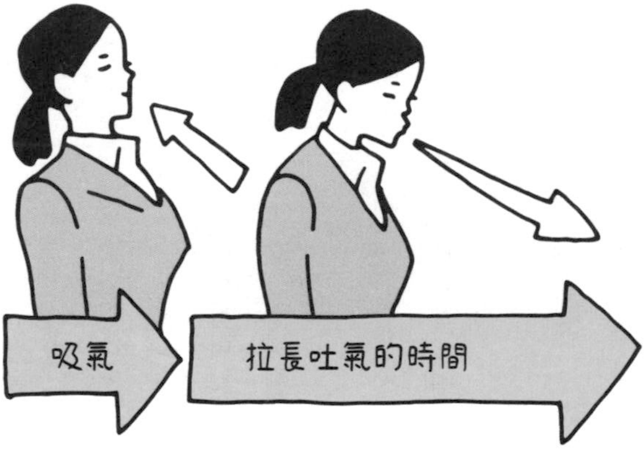

日本兵庫醫科大學的研究顯示

吸氣的瞬間專注力會不集中。

「心跳變異性」也會影響專注力

我要分享一種「馬上」就能在「任何場合」提高專注力的方法，根據我的經驗它非常有效，且超級簡單。

就是「呼吸時拉長吐氣的時間」。

僅僅這樣，專注力就會大大提升。

澳洲麥覺理大學的研究告訴我們，心臟的「心跳變異性（Heart rate variability，心跳間距的差異變化）」可能是提高專注力的關鍵。

除此之外，美國史丹佛大學的凱莉・麥高尼格也如此建議：

- 一分鐘呼吸4～6次，每次10～15秒。
- 這麼做會活化前額葉皮質，使心跳變異性上升。

把呼吸當成夥伴的重點

呼吸與專注力之間的關係不僅止於此。

我說了要「**拉長吐氣的時間**」。

不是「吸氣」，是「吐氣」。根據我的自身經驗，「慢慢吐氣」時比「吸氣」時更能感受到自己專注於眼前的事物。

這一點也已經被研究證實了。

日本兵庫醫科大學生理學的研究團隊，利用能夠拍攝3D影像的fMRI（功能性磁振造影）技術檢驗「人類腦部的活動」時，發現吸氣的瞬間專注力・注意力會被中斷。

總而言之，綜合麥覺理大學、史丹佛大學和兵庫醫科大學的研究成果，我們可以肯定地這麼說：

- 提高心跳變異性，專注力就會提高。
- 只是「緩緩呼吸」，心跳變異性也會提高。

・提高專注力的關鍵在「吐氣」時，而不是「吸氣」時。

前文中提到，我在擔任徵人廣告的業務員時會同時做好幾件事。

而每當我被截止日期追著跑時，只要邊做邊慢慢吐氣，就會發現明明動作速度是平時的3～4倍，但感覺上卻是「周遭的一切看似變慢了」。

現在，當我因為忙碌而感到焦慮時，仍然會緩緩地吐氣。

請各位務必嘗試看看。即便在此時此地，你應該也能感受到它所帶來的效果。

POINT

只需緩緩吐氣，內心便能感覺平靜，且提高專注力。

17 CONCENTRATION HACKS

「一成不變」會帶來高度專注力

「判斷疲勞」會導致專注力降低

英國萊斯特大學的研究顯示

成人一天大約要做3萬5000次的決定。

「判斷疲勞」不容小覷

話說，你一天之中會做幾次和飲食有關的決定呢？

我認為最多是20次……，但根據美國康乃爾大學的研究人員表示，我們每天會做226・7次的決定。

要吃什麼？喝什麼？用哪個杯子？倒多少的量？

要用吸管嗎？在什麼地方喝？放在桌子的哪裡？

就像這樣，我們總是在不知不覺間，重複做著下意識的決定。

更甚者，英國萊斯特大學的研究指出，成人每天會做大約3萬5000次的決定，

可見腦部是多麼地努力工作著。

那麼，這裡有個應當要注意的一點——**使腦部疲乏的就是，這些反覆不斷的下意識**

「判斷」。

美國佛羅里達州立大學羅伊・鮑邁斯特（Roy Frederick Baumeister）博士的「意志力」學說為我們提供了解答。

- **做愈多判斷，「意志力」就愈弱。**
- 為什麼呢？**因為做愈多判斷就愈會發生「判斷疲勞」**。
- 因此，**如果要保存「意志力」，就應當減少判斷的次數**。

總而言之，意志力就像肌肉，使用得愈多消耗就愈多。

「一成不變」的規則

因此，**如果想保持專注力，在日常生活中也要減少「判斷的次數」**。

史蒂夫・賈伯斯、馬克・祖克伯總是穿同樣顏色的T恤，也是為了避免去做穿搭上的判斷。

那麼，該怎麼做好呢？

首先，請堅持減少「判斷」的次數。

有了這分堅持之後，**不妨建立你自己的「規則」。**

我因為工作的關係會打領帶，但因為會需要配合客戶的企業色彩，所以沒有選色上的困擾；移動中我總會攜帶一只小手提箱，我會把它放在門口處，出門時就直接帶著它出發。裡面放著可以應付任何工作的物品，所以即使健忘如我也不會把它忘在家裡；而我製作資料的版面配置基本上都一樣。

可是，請各位不要原封不動地學我。

因為「規則」很大程度地反映了一個人的價值觀和生活方式。

所以建議各位要依據自己的價值觀、生活方式，來思考要建立出一套什麼樣的規則。

POINT

為了避免發生判斷疲勞，思考一套「一成不變」的規則。

18
CONCENTRATION HACKS

將一撮「糖」放入口中

攝取少許的糖，就會恢復專注力

美國佛羅里達州立大學的研究顯示

甘味劑並不能恢復自制力，
但糖可以。

「糖」是提高專注力的營養補充品

你是否聽說過，吃「汽水糖」專注力就會恢復？

這是因為「汽水糖」是用葡萄糖做成的，而葡萄糖具有恢復專注力的效果。要是人一直處在低血糖的狀態，專注力確實會下降。

我以前曾經進行徹底戒醣的飲食，可是一到傍晚，便感覺思考能力下降到什麼事都不想做的地步，才放棄完全無醣的飲食。

想提高專注力時，只需食用少許的糖就會有效。

當然，不是汽水糖也沒關係。即便是低血糖值的食物，效果也會立即顯現。

我會攝取少量的麥盧卡蜜（蜂蜜的一種），它比蜂蜜更不容易引起血糖值升高（而且據說「對喉嚨很好」）。

以下為美國佛羅里達州立大學心理學家馬修・蓋利特（Matthew T. Gailliot）的研究，會讓你相信這些做法並非迷信。

・分成2組。
（「A組：喝檸檬水加糖」、「B組：喝檸檬水加甘味劑」）
・進行數次「自制力」的實驗。
・結果，加甘味劑的B組在第2次實驗的得分變差。
調查之下發現，B組的人們在第1次實驗中已經把能量耗盡。而能量耗盡的原因是血糖值降低。
・這時，為了使血糖值上升，讓自制力下降、加甘味劑的B組喝加糖的檸檬水。
・結果自制力馬上恢復。

只吃一撮糖也好，禁止空腹

除此之外，先前介紹過提出「能量預算」的美國南達科他大學的X.T.王和心理學家羅伯特・德沃夏克也做過同樣的實驗。

他們發表了一項研究指出：「**影響自制力的不是血糖的數值，而是血糖值『上升』或『下降』的變化方向**」。

換句話說，其實我們不需要攝取大量的糖，只要將「一撮」糖放入口中，就會提高專注力。

你也可以預期透過擺脫「空腹狀態」，來提高專注力。

空腹時血糖值會降低，所以一般認為只要吃「堅果」就能恢復專注力。

如果你正處於努力保持空腹、只喝不含熱量的飲料或是節食中等，所以克制自己忍著不吃甜食這類的狀態，不妨多一個「讓血糖值稍微上升」的方法，作為想提高專注力時的策略。

POINT

只需攝取「一撮」甜食就能恢復專注力。
另外，在空腹狀態下無法集中專注力。

COLUMN

2

對於自己看過的書籍內容「會忘記」和「不會忘記」的人之差異（銘印專注）

你有這樣的煩惱嗎？

- 常常會忘記看過的書或資料的內容。
- 也常常會忘記別人說過的話。
- 偶爾連約定好的時間也忘了。

如果是這樣，你可能沒有使用會集中專注力、去深入思索的「銘印專注」模式。

事實上，在「初階專注」下，無論再怎麼集中專注力都不足以牢牢記住。

很少人知道，透過「初階專注」模式吸收的訊息，必須經過「提取」同時深入思考的過程才能被牢牢記住。

順便告訴大家，這個「提取」同時深入思考的過程叫做「**檢索式學習**」。

換句話說，能迅速牢牢記住的人和不是這樣的人，兩者的差別在於是否有進行檢索式學習。

接著讓我用記住自己讀過的書之過程來說明。

首先，假設你在不受干擾的環境下，以「初階專注」的專注力記住自己讀過的書籍內容。這時你會像下面這樣進行「檢索式學習」並以「銘印專注」來記住內容。

「作者雖然這麼說，但真的是這樣嗎？……我用自己的方式整理看看。」

「有沒有辦法將這本書中提到的方法，應用在我自己的工作上呢？」

諸如此類。像這樣用自己的方式思考之過程會增強記憶力。

假使記不住讀過的書籍內容，那麼很可能你只是瀏覽過去而已。

我也是採用這種方法。

當我要記住一本書的內容時，每讀完1～2章會在書的封底內側寫下「摘要」。

我真切感受到自己明明是那麼專注地閱讀，但對於詞彙和理論的記憶卻不如預期的

確。

由於是摘要，不是原文照錄，所以要經過自己反芻才寫得出來，例如去想「這個重點是什麼？」、「要如何應用這方法？」、「和那件事有什麼關聯？」等等。這種行為正是在「銘印專注」模式下集中專注力。

聽人說話和聽研討會也一樣。

我深刻感受到事後復習是多麼的重要。

並不是讀完100本書就很棒。

如果沒有徹底理解內容，它就只是一個行為。

讓我們利用「銘印專注」模式來改善健忘的情況吧！

第 3 章

任何時候都能加快速度的「工作技巧」

19
CONCENTRATION HACKS

如果做事拖拖拉拉，就先設定最後期限

定出一天的最後期限，白天的專注力就會提升

專注力
在集中專注力時
全力以赴!!
專注力
今天晚上6點前
要做完

「帕金森定律」

工作量會一直增加，直到填滿可用的時間。

「認真」的副作用

你是性格認真的人嗎？如果是，那請問你是否常常加班呢？

這樣的話，你可能還可以更加提升白天的專注力。

在早上開工前，請試著先決定「今天何時要下班」，再開始做事情。如果進一步把該時間記錄在手札（日程表）上，就更萬無一失了。

各位聽過帕金森定律（Parkinson's law）嗎？

這是英國歷史學家帕金森所發現的定律，意思是「工作量會一直增加，直到填滿可用的時間」。

以前的我正完全是如同這句話所形容的，只要有時間就會盡全力去做。

可是，難道只有我有過這樣的經驗嗎？

日本腦科學家中野信子女士認為，多數的日本人都有這樣的傾向。

她說：「**日本人容易感到焦慮，天生帶有謹慎基因的人特別多，超過65％的人都屬於這一類**（美國人只有18％屬於這一類）。」

而且這有地域上的差異，日本新潟市醫師會的網站上還這麼寫著：「日本海一側的居民多數天生帶有謹慎基因。」

「因為不知道接下來會發生什麼事，所以能力可及時就全力以赴。」

當我想到，這正是日本人常年與大雪、災難為鄰所培養出的優勢，於是就能同意這個說法。但若要論到是否能一直保持專注，那則是另一回事了。

假使不知為何地，總是都會把事情做得拖拖拉拉，那就需要從根本去解決問題。

即使這樣仍然做不完時

就算設定好結束時間，有時候還是會無法準時結束工作對吧？這是因為基因在作祟，真是拿它沒辦法。

遇到這種時候，我希望你能再多做一件事。

就是**設定一個「必須早點結束工作的目的」**。

像是「在下班途中去健身房」、「去泡三溫暖」、「和朋友碰面」、「去學校」、「去購物」等等，什麼目的都行。就是幫自己找個早點完成工作的「理由」。

實際把健身、和朋友碰面之類的理由先記在手札，就不得不早點做完了。

讓我們像這樣先設定好一天的最後期限吧！

這麼做將會讓你白天的專注力明顯為之一變。

POINT

如果想提高白天的專注力，第一步就是設定一天的最後期限。

20
CONCENTRATION HACKS

想要全神貫注時，就來計時吧

一旦計時開始，專注力立刻提升

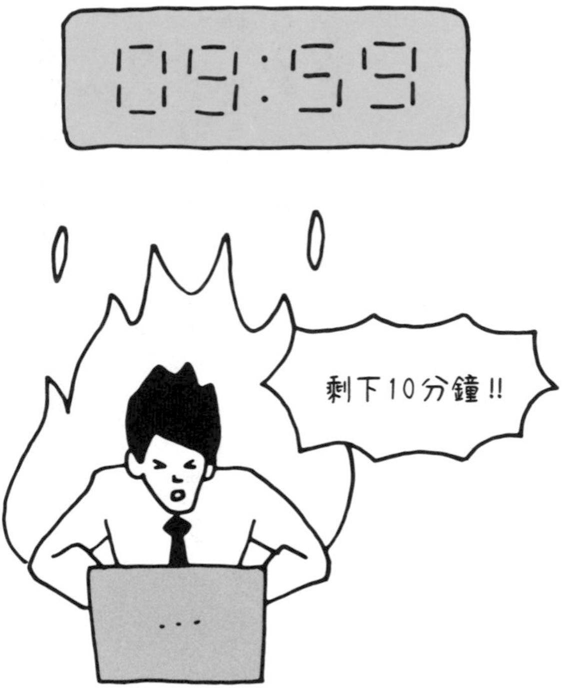

「時間壓力的影響」

設定最後期限將刺激
「正腎上腺素」的分泌，使腦部清醒。

▼激發出「驚人的速度」

小學時，我家附近的中華餐廳「餃子的王將」，推出「30分鐘內吃完巨無霸餃子（5人份）就免費」的大胃王企劃，我曾經去挑戰過。

我以驚人的速度將餃子掃進嘴裡，偶爾喝水方便將食物吞入……。

儘管已經超出胃的極限，但我已經吃到渾然忘我，彷彿被神靈附身一樣……。

好幾次我都覺得自己不行了……，但最後我用29分鐘吃完了。

現在回來談談工作。

如果有方法可以發揮像這種「被附身似的專注力」，各位覺得會變得如何呢？事實上，確實有方法可以輕易做到。

像比賽吃飯速度的大胃王企劃那樣，處理任務時請試著「設定計時」。例如：設定「20分鐘內要完成這項作業」之後再開始做，就能全神貫注地投入其中，宛如神靈護體。

這是心理學所說的「**時間壓力的影響**」所產生之效應。

藉由設定時間限制，可以刺激腦內分泌控制危機感的神經傳導物質「正腎上腺素」，使得腦部清醒，提高工作績效。

我也是這麼做的，這幾乎已經成為我的習慣。事實上，我確實感覺專注力提升了。

「1小時內要處理完這3項作業。」

「用5分鐘解決這件事、10分鐘解決那件事。」

此外我要在這邊跟各位坦白，這篇文章也是在計時的狀況下寫的——

「我要在Uber餐點送到前的30分鐘內完成這一頁。」

當你像這樣把它變成自己的「計時賽」，必須在設定的時間內完成時，就會保持驚人的專注。

不過有一點要多加注意。

我們只能短暫地去刺激正腎上腺素。如果長時間刺激它，身體就會感到疲勞。所以這個做法充其量只是「此時此刻」想提高專注力時的法寶。

▼「附上所需時間」的待辦事項清單

我要介紹一種方法，推薦給身負多項任務的人。

請準備一份「附上所需時間」的待辦事項清單。自己將任務處理變成個人計時賽。

- 製作企劃書：30分鐘。
- 明天會議的事前會議：15分鐘。
- 回覆累積下來的電子郵件：20分鐘。

像這樣製作清單，計時以在預定時間內做完為目標，並且試著盡量在更短的時間內完成。這麼做將會讓你以戰鬥模式處理工作。

POINT

一使用計時，就能獲得令人不可置信的專注力。處理的任務很多時，就製作「附上所需時間」的待辦事項清單。

21
CONCENTRATION HACKS

若想持續專注5小時，請利用「番茄鐘工作法」

中間多次的短暫休息將有助維持專注力

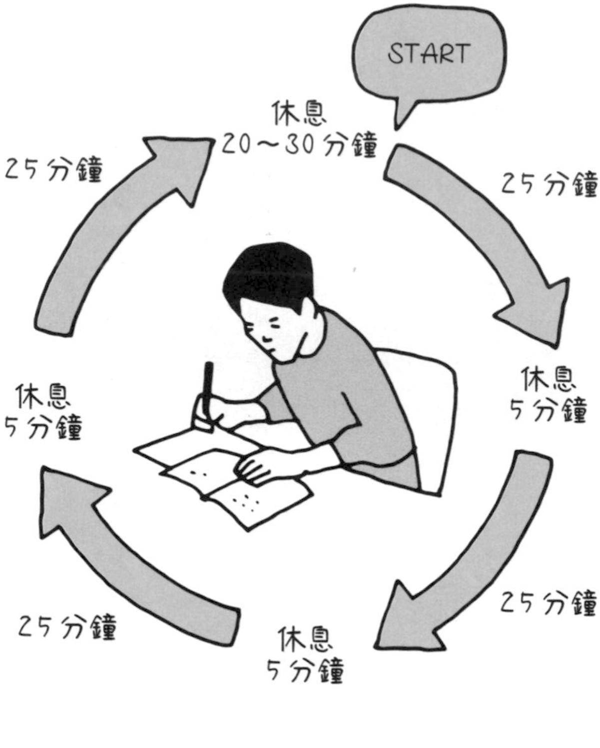

「番茄鐘工作法」

工作25分鐘休息5分鐘，重複4次後
做一次20～30分鐘的長休息。

只要中間有休息就能一直保持專注

在此為各位介紹能長時間保持專注的方法。

直截了當地說，就是「**番茄鐘工作法**」。

只要使用這種技巧，**就能保持專注4、5個小時。**我在寫作或製作講義等的文書作業時，也都是使用這種技巧。

「番茄鐘工作法」是由義大利作家，同時也是企業家的法蘭西斯柯・西里洛（Francesco Cirillo）所發明的方法。順帶提一下，番茄鐘工作法的名稱來自西里洛所使用的番茄造型廚房定時器。

具體做法如下：

- 首先，專心工作25分鐘。
- 25分鐘過後，強制休息5分鐘。

• 時間到了再工作25分鐘，然後再強制休息5分鐘。
• 如此重複4次後，長休息20～30分鐘。
• 接著再同樣工作25分鐘休息5分鐘。

重複這樣的過程，就能長時間保持專注力。

在第1章已經有說過，我們的專注力只能維持20分鐘。但如果使用這種番茄鐘工作法，因為中間會有「多次的短暫休息」，每次休息過後專注力都會被重新啟動，所以得以持續維持。

當你嘗試之下會發覺到一件事。明明平常作業時會一而再地想要去查看是否有新的電子郵件，可是使用這種技巧反而會發揮抑制作用，提醒自己「現在不能在這裡中斷」。

而這正是番茄鐘工作法的功效。

推薦的應用程式

近來有許多番茄鐘工作法的APP。

不過我要推薦的是「Pomodoro Tracker」。它無需下載，可以直接在瀏覽器上依「25分鐘＋5分鐘」的時間設定提醒，相當方便好用。

除此之外，我還要推薦的一個，就是YouTube上有背景音樂的「Pomodoro Timer」。種類相當豐富。

一邊聽著海浪聲、雨聲等的白噪音（可提高專注力的聲音）、一邊全心投入作業，非常適合遠距工作時使用。

POINT

只要使用「番茄鐘工作法」，就能長時間保持專注。

22

CONCENTRATION HACKS

假使常常忙中出錯，請設置「緩衝區」

排定計畫時，要預先排入緩衝區

「緩衝區」

即多餘的時間。一天若有約2小時的緩衝時間
就不會手忙腳亂。

避免手忙腳亂的方法

愈是手忙腳亂的人愈是會出錯。這是因為任務切換的次數增加，每次切換時專注力都會下降。

我要推薦給這樣的人一個方法。

就是「設置緩衝區」。

緩衝區指的是「多餘」的時間。

如果以一天工作8小時來看，則大約需要有2小時的緩衝時間。

這樣一來即使臨時增加非常緊急的工作，只需利用緩衝時間處理就好，因此能夠靜下心來做事。

那麼，要怎麼樣設置緩衝區呢？

鐵律就是，**在安排計畫之初，就要預先排入緩衝區。**

當突然收到需要調整日程的交辦事項，或是工作上的請託時，可不能硬把時間表排得「太緊」。

請試著在調整時間時，盡可能避開預先排定的「緩衝區」。

我平時也是使用這個方法。

當然，還是需要依照不同的情況彈性處理，但有沒有事先排入緩衝區，所帶來的結果會相差甚多。

▼不忘提早10分鐘行動

假使你總是手忙腳亂、常常忘東忘西，那我還有進一步的建議。

請養成**提早10分鐘行動的習慣。**

舉例來說，要是在開會或會議上忘了什麼事時，肯定會很難專心。

如果是10點出發，那10分鐘前就要讓自己處在隨時都能出發的狀態。

如果下午2點要開線上會議，那在10分鐘前就要準備好待命。

對總是手忙腳亂的人來說，這10分鐘會是能夠集中專注力的寶貴時間。

我自己也是這麼做的，當養成提早10分鐘行動的習慣，便能靜下心來做事，不再會因為著急而忘東忘西。

不如說是，有了這10分鐘的緩衝時間，我才能用它來重讀開會的資料，想像我在會議上報告時的情況。

對提高專注力來說，擁有多餘的時間是一項很重要的條件。

POINT

在手忙腳亂的狀態下實在很難集中專注力。透過設置「緩衝區」，以及不忘提早10分鐘行動，會讓工作表現更好。

若已熟悉任務，提高「挑戰等級」會更容易進入心流狀態

「心流（Flow）」

全神貫注到忘卻時間知覺的狀態。

23
CONCENTRATION HACKS

即使是簡單的作業，分成2個級別就能全神貫注

▼極致專注的「心流狀態」

各位曾經有過這樣的經驗嗎？

不知不覺便埋首其中，一看時鐘才發現「哇！已經這麼晚了」。

這種「沉浸」的狀態便稱為「心流（Flow）」。這是由心理學家米哈里·契克森米哈伊（Mihaly Csikszentmihalyi）提出後傳播開來的概念。

那麼，我們要怎麼做才能在工作中進入「心流」狀態呢？

在此我要介紹一種可以隨時於工作時，進入心流狀態的技巧。

心流包含2個重要元素。

即**「挑戰等級」×「技能等級」**。透過調整這2項要素即可讓你進入心流狀態。

具體來說，即使是「無聊的工作」，也請添加一些巧思，試著稍微提高「任務難度」。藉由這樣的做法，將可以提高「挑戰等級」。

也很推薦透過先前提到過的「運用計時」以及「提升完成的水準」，來提高挑戰的等級。

另一項「技能等級」是指處理該項任務的技能高低，如果現有的技能能夠處理的話，那就ＯＫ。

調整「挑戰等級」

這麼說來，能夠隨意調整的就是「挑戰等級」。

讓我再進一步說明，該如何調整「挑戰等級」。

重要的是「目標」難度的設定。

輕鬆的目標並不能讓人進入心流狀態，這是需要有一定的困難度。

比方說，假設你要製作企劃書。

「製作一份內容比以往更加講究的企劃書」，是調整挑戰等級的一個方法。

也建議參考自己覺得「做得很好的人」的企劃書，以做出更好的品質為目標，例如「讓版面配置變得更方便觀看」、「有效地使用條列式」等等。

利用一點小巧思，你將能有計畫地進入心流，那是一種專注力提高到極致的狀態，能夠全神貫注，以至於回過頭來才發現「咦，已經過了1小時？」

不知道這個方法的話，可真的是虧大了。請務必嘗試看看。

POINT

自己若具備技能，就大膽提高「挑戰級別」吧。
藉此引導自己進入能夠忘卻時間的「心流（全神貫注）」狀態。

24
CONCENTRATION HACKS

若單獨一人無法專注，就跟「同程度」的同伴一起做

跟著同伴一起，更能提升工作表現

「同儕效應」

和「程度相同」的夥伴一起做，
工作表現要比獨自一人努力更好。

▼跟同伴一起做會讓表現更好

單獨一人的話，有時很容易出現難以集中專注力的狀況。

這種時候，建議你刻意到「有同伴的地方」工作。

有個知名的定律是，有同伴陪著自己一起做比一個人埋頭苦幹的表現更好。這就是「**同儕效應**」。

同儕（Peer）指的是年齡、地位、能力等相當的同伴。藉由彼此互相刺激，使得工作的效果提升。

讓我介紹一個由我負責的某企業之真實培訓案例。

那家公司是透過電話行銷來開發新客戶的。

有些工作在精神上是超乎想像的痛苦，而電話行銷就是其中之一。「現在不需要」、「有固定合作的業者了」，被人這樣拒絕還算是好的；有時還會遭到「你別再打來」、「不要打擾我工作」這類辛辣的話語回絕。他們設定目標，每人一天要打超過

１００通這種如同苦行的電話。

不過工作進展並非一帆風順，實際上每人平均撥打不到50通的電話。

此時採行的對策就是利用「同儕效應」。

參與者有４人。他們安排「這４個人」集中在會議室裡打電話。

光是這樣就讓所有人一天都打了１００通電話。

我從參與者那裡聽到的回饋是「這樣不會感到心累」、「感覺時間過得很快」。

同儕效應需注意的要點

不過，對於同儕效應也有需要注意之處。

為了發揮同儕效應的效果，所有參與的人都要具備「同樣程度」。

因為如果別人的程度比較高，就會啟動「一開始就放棄」的負面同儕效應；而如果別人程度比較低，則是啟動「隨便做做」的負面同儕效應。

所以和別人一起工作時，選擇的對象也是一項很重要的因素。

近來，遠距工作逐漸成為常態，但為了提高專注力，不妨請多考慮一下待在辦公室工作。

另外，就算彼此處在不同的地點工作時，**固定每隔一段時間「共享進度」也很有效**，我擔任業務員的時期也經常這麼做。只要想到「其他同伴也正在努力著」，就能克服一些困難的時刻。

當單獨一人撐不下去時，請試著借助同伴的力量。

POINT

單獨一人撐不下去時，只要和同伴一起就能靠加乘作用堅持下去。

想像自己是擁有「鋼鐵般意志」的人

「光是想像自己是自制力強的人，就會增強自身的意志力。」

（美國史丹佛大學的凱莉・麥高尼格）

25
CONCENTRATION HACKS

當你感到氣餒時，不妨依靠想像

▼光是想像，意志力就會增強

但想必也有人身處的環境是很難獲得同儕效應的。

「沒有同樣程度的同事」、「始終是獨自作業」，應該也有這種情況吧？

如果是這樣的話，那麼只要靠著想像力也ＯＫ。

「想像致力於同樣的主題而且已經成功的人。」

「想像採用理想做法的人。」

研究發現，光是靠著如此想像也會有效果。

美國史丹佛大學的凱莉・麥高尼格如此說道：

「光是想像自己是自制力強的人，就會增強自身的意志力。」

當我聽到這段話，立刻想起某位考生。

那位考生很在意一位同學，這位同學是個不屈不撓「努力不懈」的人。

就是那種「會讓人想追上他」的人。但是據說兩人不是會一起用功念書的交情。

這時她所做的事情正是「想像」。

她說自己一邊想著：「那人一定會讀書讀到晚上10點」、「那人為了準備考試，這個地方一定會讀得很仔細」，一邊激勵自己。

無法獲得同儕效應時，光是靠這樣的「想像」就會產生效果，看來似乎沒理由將這個好方法拒於門外。

身邊如果沒有自制力強的人

儘管如此，如果你真的想像不出身邊有「自制力很強」的人，那麼請你這麼做。

試著想像自己「崇拜的人」或覺得「了不起的人」。

例如，「如果是那個運動員會怎麼做啊……？」

或是「如果是那個歌手，這種時候在做什麼呢？」

雖然不自量力，但我偶爾也會這麼做。

我一年講授200場培訓課程、寫40本書。除此之外，我還經營YouTube和Voicy的頻道，一週更新4、5次，所以每天都過得相當忙碌。

我也會有沮喪的時候。可是，我從朋友那裡聽過一則軼事，現在這件事成為了我的精神支柱。

「披頭四發行超過200首歌曲，平均3小時就創作出一首歌。」

可以想見，拿名留青史的歌手和自己做比較或許會被歌迷們罵，但我很感謝朋友告訴我這則軼事，它鼓舞著我：「我還可以繼續努力！」

想像是自由的。何不嘗試看看呢？

POINT

只是「想像」就能提升工作表現。

26
CONCENTRATION HACKS

如果感到不安、焦躁，就用「GTD」消除它

不再有「這個必須做、那個也要做……」的焦慮

「GTD」

Get Things Done的縮寫。即篩選該做的任務，再一項項處理的方法。

▼任務管理的王道做法——「GTD」

全心投入工作前，腦中是否曾經掠過這樣的不安？

「那事一定要做。」或「這事也不能不做。」

如果是的話，何不試著採用「GTD」呢？

它不僅能「瞬間」減少要做的事，而且不再會有「這個必須做」、「那個也必須做」的焦慮。這是保持專注的絕對必要條件。

GTD是一種任務管理手法，大衛・艾倫（David Allen）在《搞定！》（繁體中文版由商業周刊出版）一書中指出，有四成「前100大」的企業已採用此手法。

順便說一下，GTD是Get Things Done（把事情做完）的縮寫，意思是「篩選該做的事，井然有序地處理」。

換句話說，**GTD的關鍵是一開始就縮小應做事項的數量。**

做法其實很簡單。

Step 1：先寫出「腦中浮現的『所有預備要做的事』」。
Step 2：【篩選①】刪除目前不必做的事。
Step 3：【篩選②】2分鐘內可做完的事要馬上處理，從清單中刪除。
Step 4：【篩選③】能交給別人做的事就交付出去，從清單中刪除。
Step 5：剩下的才記在「待辦清單」上。

覺得這個做法如何？

只要遵循這樣的步驟，就能消除「這個必須做、那個也要做」的不安跟焦躁，都有記清楚怎麼做了嗎？

「伊庭流」的做法

請容我介紹自己的做法，謹供各位參考。我會使用Excel建立表格。

首先，寫出心裡在意的事。這部分是相同的。

之後再縮小應做事項的範圍。這部分也是一樣。

接下來，**我會在每一項任務上，寫上預估需要的作業時間。**

接著再將所有任務分成「本週的作業」、「下週的作業」、「本月的作業」、「本月以後」。

實際執行並完成任務後，我會再次更新表格。

要做的事太多時我只要試著這麼做，就會感覺「腦中的一片混亂」頓時消失，能夠專注於眼前的事情。

當然，沒有所謂唯一的方法。

請務必試著找出自己的做法。

POINT

製作待辦清單時，先篩選要做的事情很重要。

27
CONCENTRATION HACKS

不必立刻回覆電子郵件

絕大多數的電子郵件
都不必在當下回信

收到通知立即反應
又有信了！
得確認信件才行。
....
集中一起回覆
下一次
查看電子郵件的時間
是11點半。
....

荷蘭烏得勒支大學的研究顯示

每天的任務切換次數平均為86次。
幾乎都是在查看電子郵件。

「不必立刻查看的電子郵件」會使專注力下降

你是那種不立刻回覆電子郵件就坐立不安的人嗎？
以前的我就是這樣，但我現在已不會這樣做了。
因為電子郵件是導致專注力下降的「最主要原因」。

首先，讓我從應該做的事情開始講解。

「電子郵件要『集中一起回覆』，不要馬上回信。」

只要這樣子做，就能夠長時間保持專注，而不會導致作業中的專注力下滑。

「專注力」的權威、荷蘭烏得勒支大學的史戴方・范德斯蒂切爾（Stefan van der Stigchel）教授在著作《如何提高會改變人一生的專注力》（暫譯，牛頓雜誌）中記載了一項實驗。

這項實驗觀察了某個職場的員工，內容如下：

- 一天平均進行86次任務切換。其中65次是基於自己的意志。
- 調查之下發現，絕大多數都是「查看電子郵件」。
- 七成的人會在收到電子郵件後的短短6秒內做出反應。
- 不過，一旦做出反應，要花1分44秒才能恢復專注。
- 進一步細查得知，絕大多數都是「可以不用馬上回覆」的電子郵件。

換句話說，就是這種情況。

假設一天查看電子郵件50次。如果工作8小時，就是10分鐘1次的頻率。

從這個實驗的結果可以解讀成，因為以10分鐘1次的頻率查看「不必立刻查看的電子郵件」，而使得專注力下降了。

▼「每90分鐘」查看1次電子郵件就夠了

可是當訊息通知的視窗彈出時，我們沒辦法視而不見。

因此，請**事先將電子信箱的設定改成「關閉收到新郵件的訊息通知」**。

我是把電腦和智慧型手機的彈出視窗都關閉。但我每60分鐘或90分鐘會查看一次信箱，集中一起回信。

當我嘗試這麼做之後發現，即使每90分鐘查看一次也沒什麼大礙。我反倒覺得，少於90分鐘的話不會太快嗎？而事實上，我被大家歸類成是「回信很快」的人。

當我處理手上的任務感覺累了時，會忍不住想查看電子郵件。可是因為每90分鐘才能看1次，若決定了「下次是11點半」，就能等到那時候再查看信箱。

請務必嘗試看看這個方法。

POINT

如果想保持專注力，就集中一起回信。即使90分鐘查看1次，依然會被認為是「回應算快」。

28

CONCENTRATION HACKS

如果有「電子郵件疲勞」，請建立處理範本

只要儲存範本即可省下九成的力氣

Click !
30 Seconds
承蒙您的照顧，我是○○公司的×××。

點擊一下便自動化

・先將電子郵件經常使用的文句設為範本。

・不再需要花費時間打字。

・只需這樣做，發一封信就只需要30秒。

電子郵件疲勞是專注力之敵

看著收件匣裡堆積的郵件，你是否有過這樣的感覺？

「又增加了……。感覺快被壓垮了……。」

慢性壓力會刺激壓力荷爾蒙皮質醇的分泌，而使得專注力降低，這已經是被公認的定論了。這也就是為什麼在「電子郵件疲勞」的狀態下，最容易引發「咦？我剛剛要輸入什麼來著……」，像這一類「粗心大意」的狀況。

事實上也有研究認為，皮質醇如果長期分泌會對腦部造成不良的影響，也被說它可能是引發失智症的契機。壓力和疲勞無疑是腦部的大敵。

因此，為了保持專注力，我們要預防「電子郵件疲勞」。

我要推薦的方法是建立「範本」。

只需這麼做，它就可以讓人免去思考文句和打字的麻煩，並且有超乎想像的效果。

我也實際身體力行，大約每30秒就能處理一封信，因此不但生理上輕鬆，而且精神上也感覺不到壓力。

實際上，商務人士平均要花6分鐘（360秒）處理一封信。所以只要建立範本就能省下九成的力氣。

建立範本的方法

具體來說只需要做以下的設定。

如果使用的是Outlook，請在「插入」標籤的「快速組件」新增「自動圖文集」。

就是將平時經常發送的郵件文本當作自動圖文集儲存起來。

做法很簡單。選取想要儲存的文本，在「插入」標籤下的「快速組件」之「儲存選取項目至快速組件庫」按一下，就能新增。

如果有事先儲存好，點擊一下就會立即顯示出文本，根本無需另外打字輸入。

如果是Gmail，請利用範本功能。

基本上和Outlook一樣。只要將平時經常發送的郵件文字和句子儲存為範本，同樣能透過點擊讓文句顯現，完全不需要打字輸入。

新增範本的方法是在Gmail上輸入文字時，點選郵件底下工具列的「⋯」，選取「範本」，再選擇「將草稿儲存為範本」。這樣就能新增範本（記得要先在「進階設定」中啟用「範本」）。

我目前建立了20個左右的範本。

我儲存了範本之後，大約只需花費2分半就能發送5封郵件。

請務必嘗試看看。預防「電子郵件疲勞」也是保持專注力的關鍵。

POINT

「電子郵件疲勞」會導致專注力降低。只要建立範本，30秒就能發送一封信。

因疲累而「心不在焉」時，可以搖晃一下身體

「抖腳」可以提高專注力

日本中部大學研究團隊指出

不自覺地抖動是一種「小運動」。
具有使自律神經亢奮、提高專注力的功效。

▼「搖一搖」就能恢復

長時間面對電腦工作，是否有時候會感到頭昏腦脹呢？這時如果能去散步，那當然很好，但總會有情況不允許的時候。

我其實有個更為簡便的方法。

請試著「抖腳」看看。相信你會驚訝地發現，頭腦變清醒了。

事實上，根據日本中部大學研究團隊的論文指出，抖腳是一種「小運動」，具有使自律神經亢奮、提高專注力的效果。

另一項研究也認為，抖腳會促進「血清素」的分泌。「血清素」是維持精神穩定和保持平常心，改善頭腦運作的神經傳導物質。

抖腳的功效不容小覷。

可是，許多人都對抖腳這個動作感到觀感不佳。

因此我建議在獨處的時候做。

坦白說，我在遠距工作時偶爾也會有「心不在焉」的時候。每當遇上這種狀況，我就會刻意搖動我的腳。

然後，很奇怪地，我的頭腦立刻變得清醒了。

站起身的生產力將上升53％

不過，有時候就算抖腳，專注力仍然無法恢復。當一個人感到疲憊時更是如此。

在此為各位介紹此時應該採用的一招。

就是「站起身工作」。

當站起身工作，實際感覺到的效果會更加神清氣爽。

美國德州A＆M大學做了一項獨一無二的研究。

他們針對電話客服中心的167位員工進行為期6個月的調查。

他們將所有員工分成使用電動升降桌和一般辦公桌這2組，並比較兩者的生產力，結果發現站起身工作的那組在一個月後生產力上升約23%。6個月之後更上升至約53%。

另外，還想特別補充一下我個人的經驗。

我在公司任職時期曾經登上過公司內部刊物，該文中介紹我是「站起身工作的主管」。那年代還沒有電動升降桌，所以我是在辦公桌上疊好幾本書，以此來調整高度。嘗試之下發現，我不再會恍神，生產力也顯著提升了。

即使是現在，當我要稍微讀一點書時，偶爾也會刻意站著讀。

但並不建議一直站著。畢竟還是會累的。

建議在抖腳也無法解決精神不濟時，試著站起身以恢復精神。

POINT

若疲累了，「抖抖腳」、「站起身作業」就會恢復精神。

30
CONCENTRATION HACKS

若常常容易感到沮喪，請養成「再5分鐘」的習慣

想「放棄」時，試著再繼續5分鐘

「GRIT（恆毅力）」

即堅持到底的能力。
透過不斷累積成功經驗得到強化。

「再撐5分鐘」會讓你更強大

接下來的建議是給那些想把自己發條上得更緊的人。

說得更白一點就是，給那些「容易沮喪」之人的建言。

「好想放棄……」、「待會兒再做吧……」，當你有這樣的念頭時，請試著養成「再撐5分鐘」的習慣。

這可以用心理學的「**自我效能**」概念來解釋。

所謂自我效能指的是「如果是我一定能做到」的信念，是由心理學家亞伯特・班度拉（Albert Bandura）提出後傳播開來的心理學概念。

自我效能高的人相信「只要願意就能做到」，因此即使是自己不想做的事也能徹底做完；另一方面，自我效能低的人在心累時會覺得「現在的我大概沒辦法……」，因而漸漸不願面對那項任務。

那麼，怎麼做才能提高自我效能呢？

其中一個答案就是累積「成功經驗」。

「再撐5分鐘吧。」

「耶！我做完5分鐘，沒有放棄喔！」

像這樣的事情，就是成功經驗。

我一直這麼認為。

再怎麼不想做的工作都有其意義在。

因為只要徹底做完，自己就能得到「我沒有逃避，堅持到底」的成功經驗。

首先，請試著「再努力5分鐘」。相信改變一定會發生。

把它變成提高「GRIT（恆毅力）」的機會

最後我要談一下GRIT（恆毅力）。

GRIT的意思就是「堅持到底的力量」，是由心理學家安琪拉・李・達克沃斯

（Angela Lee Duckworth）教授提出的理論。
它開始受到關注是因為暢銷書《恆毅力》（繁體中文版由天下雜誌出版）。
書中有段如此的記述：
「在研究了成功的商人、軍人、運動員之後，我們發現，人生成功的最重要因素是GRIT（恆毅力），而非智商。」

換句話說，是不是以下這樣的意思呢？
養成「先做完5分鐘」的習慣不僅能鍛煉專注力，而且會是改變你一生的訓練。
當你感覺「快要放棄」時，不妨還是試著再多做5分鐘吧。

POINT

一旦感到「快要放棄」，再繼續做5分鐘就能鍛煉專注力。

COLUMN

3

有種方法可以1秒瞬間做出「判斷」！（俯瞰專注）

在你的身邊是否有這樣子的人呢？

- 啪啦啪啦地迅速將書本翻過就說：「嗯，我大致都理解了。」
- 光看辦公室的氣氛就說：「這家公司可能快倒了……。」
- 只憑面試時1分鐘左右的談話就認為對方「加油添醋……。」

就是這種「1秒」就能做出判斷的人。

他們評斷事物並非僅憑一時興起。

一旦揭開謎底就會發現，他們都是使用「俯瞰專注」模式，讓直覺發揮作用。當你學會使用這種模式，工作速度會顯著地加快許多。

不過，要成為使用這種「俯瞰專注」的人，需要符合「條件」。

【學會使用俯瞰專注的條件】

・有該領域的「經驗」。
・日常習慣使用「銘印專注」。

想像起來就是，腦部平時就按照PDCA循環（PDCA Cycle）在運作的人更容易在「俯瞰專注」模式下工作，這樣想應該會比較容易理解。

換言之，就算你在那領域有再多的經驗，如果「做到一半就扔下不管」，也很難學會使用「俯瞰專注」。

根據我的經驗，按照ＰＤＣＡ循環運作將會讓你學會找出自己的「規則」。

比方說，業務工作。

回顧每一次的商務談判並仔細「查核（Ｃ）」：「是因為這樣做才成功的嗎？」、「是因為這樣才失去訂單的嗎？」、「如果是，應該採取怎樣的措施？」這麼做會幫助你建立自己的一套「規則」。這不僅限於業務工作，相信從事任何工作應該都一樣。

說是「查核」，但並不需要小題大作。

因為**當事情順利時、不順利時，或是遇上意外事件時，探究其「原因」、「共同點」**，將會幫助你建立自己的「規則」。

判斷快速的人是根據「自己的規則」，而不是僅憑突如其來的靈光一閃，來做出判斷的。

第4章

如何製造意興闌珊時的「幹勁開關」

31
CONCENTRATION HACKS

當提不起勁時，試著做1分鐘看看

只要做1分鐘，肯定會繼續做下去

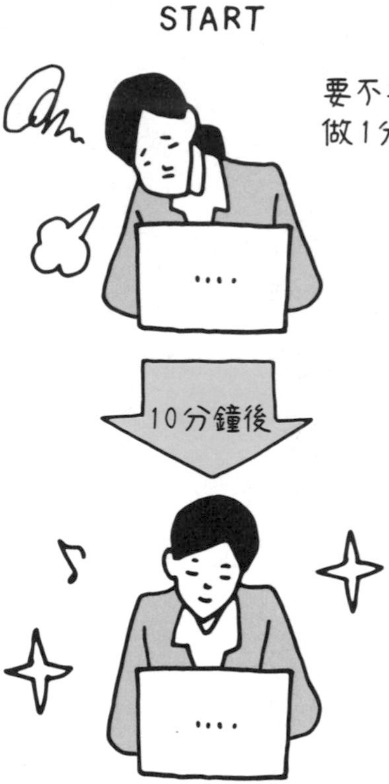

「作業興奮」

這是從精神科醫師埃米爾・克雷佩林的研究誕生的概念。
即一旦開始做，就會愈做愈有勁。

愈做愈有勁的原因

「今天做什麼都提不起勁……」，任何人都會遇到這種狀況吧。當你有這種感覺時，希望你能毫不猶豫地嘗試一件事。

就是「試著做做看，即使1分鐘也好」。

因為你肯定、絕對會持續做超過1分鐘的。

說得誇張一點，即使只是「嘗試做10秒」也沒關係。不，「只嘗試一下下」，只做到這種程度也ＯＫ。

各位是否有過這樣的經驗？

開始做的時候原本只打算做一點，結果不知怎麼地就一直做下去。

這是由於名為**「作業興奮」的心理作用**使然。

作業興奮是從德國知名精神科醫師埃米爾．克雷佩林（Emil Kraepelin）之研究所誕生的概念。如果要粗略地解釋這個概念，**就是人一旦開始從事某項作業，會愈做愈有動力，5～10分鐘後已然處在一種興奮狀態。**

其原理非常簡單。先將它記在腦中沒有任何壞處。

當我們開始作業時，腦部的「依核（Nucleus accumbens）」受到來自指尖、視覺的刺激，便會做出反應。這時會分泌大量的「乙醯膽鹼（神經傳導物質）」，這種物質具有引發幹勁、提高專注力的效果。

這就是為什麼**只要開始做一點，你就會感覺有幹勁。**

提不起勁時，就從低難度的作業開始

這也是我會使用的技巧，並已成為日常習慣。以我為例，就如下述一般：

「還得拍攝YouTube影片……，好累喔……。不過是我自己定下的期限，也可以不管它吧……。不，不能這樣……。嗯……。」

這種時候我會試著架起三腳架，或是想一想腳本的標題，**嘗試做一點「難度較低的**

作業」。

不知不覺間，在我寫作本書的現在，我已在YouTube上每週更新4次、持續發布超過650支的影片。告訴自己「只要試著做一點，應該就會進入一種規律」，而能夠繼續下去。

即使再怎麼喜歡，常常還是會有覺得「今天好累」的時候。

這個時候如果你下定決心「不要拖延」，不妨「試著做一點低難度的作業，之後再視情況」，一定會更有動力、一鼓作氣提高專注力。

當你感到意興闌珊時，請嘗試看看。

POINT

意興闌珊時，請試著「稍微」做一點低難度的作業。

32
CONCENTRATION HACKS

麻煩的事可以先稍微做一點

稍微做一點可減低內心的抗拒感

「減少抗拒感」

消除「抗拒」比提高「幹勁」
更能提高行動力。

（洛蘭・諾格倫、大衛・尚塔爾）

消除心理上的「抗拒」也是一種策略

當我們不想做某件事時，心裡一定會碎碎念：

「啊！真麻煩。」

以前的我就是如此。一週之中會在心裡嘀咕這樣的話幾次呢？應該有數十次吧。日後要做那件事的時候得先回想「那時候我說了什麼……？」、「那時候我在想什麼……？」、「這筆記是什麼意思……？」之類的，真令人感到鬱悶。

可是，我不曾發生過「因為提不起勁做就不做了」。

因為前文介紹的「嘗試做一點」超級有效，不過我還有另外一個「致勝模式」。

「覺得之後可能會變得很麻煩的事，要先稍微做一點。」

只需這樣做，就能減輕不少心理上的抗拒。

由美國凱洛格管理學院教授合著的書籍《心理摩擦力》（洛蘭・諾格倫〔Loran

Nordgren〕、大衛・尚塔爾〔David Schonthal〕著，繁體中文版由三采出版），他們在書中所介紹的研究無疑佐證了這件事——消除「抗拒」比提高「幹勁」更能增強人的行動力。

當減輕抗拒就會產生動力

我也深切感受到這一點。

比方說，當我用Power Point製作培訓用的講義時，分量多的情況大約要100～150頁。就算我很喜歡製作講義，可是那分量多到幾乎要壓垮我的意志。

不過，當我製作了第3章中的一部分之後，內心竟然出現這樣的變化。

「講義第3章剩下的部分就是寫那個……。也許早上花1個小時就能寫完第3章……。」

製作講義原本是如此令人感到鬱悶的一件事，卻因為對於付出勞力的「抗拒」減輕，而能夠很快地著手去做，並有動力想要一鼓作氣完成它。

「只先稍微做一點」會讓那些原本感覺是負擔的工作，轉而感到「接下來只要做這些就ＯＫ」，因此建議各位養成這樣的習慣。

請務必趁你還保有精力的「此時此刻」，稍微先做一點你覺得「好像很麻煩……」的作業。

消除下次要做時的「抗拒」，也是提高專注力的一個策略。

POINT

覺得「一定很麻煩……」的事，要先「稍微」做一點。
這樣可以降低開始要動手時的「抗拒感」。

33
CONCENTRATION HACKS

精疲力盡時，請制定「If-Then計畫」

決定好「如果發生〇〇就△△」，執行力將增強2倍以上

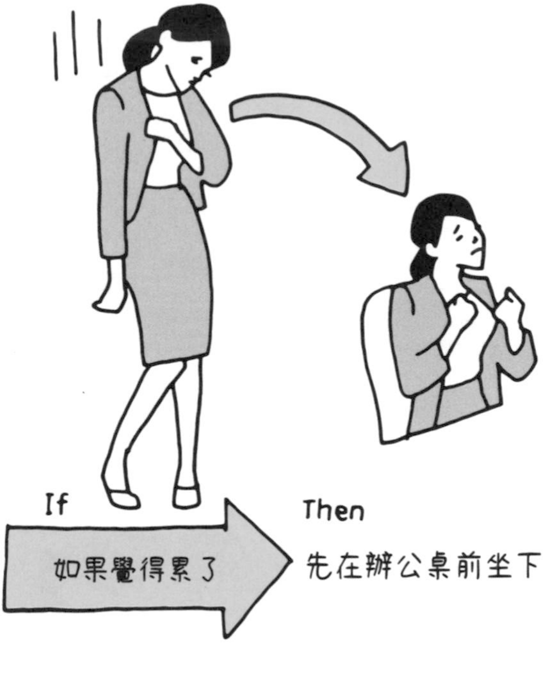
If
如果覺得累了
Then
先在辦公桌前坐下

「If-Then計畫」

為利用「附帶條件」激發幹勁的方法。

寫報告的話，執行力將上升2.3倍；運動習慣則為2.5倍。

如果發生○○就△△

讓我們「多管齊下」來強化幹勁開關吧！

雖然先前說過「只做1分鐘也行」。可是，我們有時候連這樣都感到厭煩。

要是先準備好一些技巧，就會更有能力去克服怠惰。

因此我想為各位介紹的是「**If-Then計畫**」。

此為哥倫比亞大學的海蒂・格蘭特・海佛森（Heidi Grant Halvorson）教授提出的最強「幹勁開關」之一。

這是一種當你心想「好，開始吧」，但卻怎麼樣也無法開始，在此狀態下很有效的方法，所以沒道理不多多加以利用。做法非常簡單，簡單到幾乎讓人難以置信。

【If】如果發生○○。

【Then】就△△。——只需設定好這些。

這是心理學「**附帶條件**」的作用，事先定出「附帶條件」將會增強你的執行力。

在教授的實驗之中已驗證如下：寫報告方面，執行力提高2.3倍；運動習慣方面的執行力則提高2.5倍之多。

「If-Then計畫」的2大重點

那麼，讓我分享2個使「If-Then計畫」更有效的技巧。

- **「If」的設定要是「日常」容易發生的事。**
- **「Then」的設定要是「很容易的事」。**

也可以考慮結合本書所介紹的方法，預先設定好為：

「如果覺得要做某件事很累，就先在辦公桌前坐下。」

「如果覺得之後可能會提不起勁……，就去咖啡館，打開電腦。」

我也是這麼做的。

培訓課程結束後有時要向人事部門的窗口提交報告，可是隔天很忙，確實可能會覺得這件事「很煩」。

遇到這種情況我會設定：「培訓課程結束之後，回家途中先找家咖啡店坐坐，再打開電腦」。

一打開電腦就會順勢開始多少做一點工作。

接著會漸漸產生作業興奮，不知不覺間便把工作好好做完了。這整個流程簡直就像是精心設計好的。

因此我深切體認到，為什麼「If-Then計畫」會被稱為最強大的習慣。

POINT

累到提不起勁時，如果事先制定「If-Then計畫」，決定好要做什麼，就比較容易集中精神全心投入。

34
CONCENTRATION HACKS

建立「個人儀式」，專注力就會提高

「簡便的儀式」會激勵士氣

「錨定效應」

即如「彈指10下」等的某個特定動作或行為
會觸發人進入幹勁模式。

▼靈活運用「錨定效應」

讓我們來聊一點不一樣的。

這件事就是，當你建立「個人儀式」，工作表現會更好。

假使你沒有「個人儀式」，建議你一定要建立起屬於自己的儀式。

棒球選手鈴木一朗在球員生涯的招牌動作——高舉球棒與地面垂直，然後指向投手，也是一種「個人儀式」。

除此之外，還有諸如職業高爾夫球手養成親吻球的習慣，推桿成功率便上升38%；認知測驗前彈10下手指，成績便進步21%之類的例子。可不能小看儀式帶來的功效。

這些既非咒術也不屬於靈性層面，而是一種稱作「**錨定**」的心理效應。

利用某個特定刺激來引發「理想的心理狀態」就稱為錨定效應，以心理學和語言學作為基礎的NLP（自然語言處理）也提倡使用這種技巧。

如何建立「個人儀式」

建立「個人儀式」的方法很簡單。即透過重複下列的步驟來建立自己的儀式。

Step 1：選定一項簡單的動作或行為（例：彈10下手指）。

Step 2：嚴格重複這個動作或行為（例：一定彈10下，而不是5下或7下）。

Step 3：一點一點地感受事情進展順利的狀態（例：感覺自己能夠專注了）。

要做的事情只有這樣。

我也會建立自己的個人儀式。不僅如此，很多的儀式內容簡單到我甚至都不好意思說出來。

連彈指都覺得麻煩的我，自己的個人儀式全是一些日常習慣。如果要舉例會沒完沒了，我就簡單分享幾個例子。

「**每天用同一只馬克杯喝咖啡。**」（這樣就會進入工作模式）

「在家工作時也換穿『上班服裝』。」（這麼做也會進入工作模式）

「一早醒來就看記事本。」（這也是進入工作模式的儀式）

雖然是這麼簡單的儀式，但我感到十分有效果。

此刻我在寫作的同時，桌上同樣擺著那只「慣用的馬克杯」。用馬克杯喝著咖啡，獨自思索……。像這樣的時間，對我來說反而是一段令人覺得很愜意的時光。

感謝「個人儀式」為我帶來良好的習慣。

POINT

一旦建立個人儀式，它就會成為幹勁開關。

35 CONCENTRATION HACKS

想提振精神時，請做「心理暖身」

讓體溫上升，就能很快達到高峰

「心理暖身（Psyching-up）」

藉由提高身體的核心溫度，
使幹勁在短時間內達到高峰。

不必等待「幹勁」，讓「體溫」上升吧！

還有許多方法可以啟動你的引擎。

是否有遇過假期已經結束，但是身體還在放假的情況呢？傻傻地等待幹勁恢復是很累人的事。

如果是這樣，不妨讓體溫上升吧。

事實上，根據「收假症候群」與體溫的研究已經發現，如果假日的早晨不做任何活動、悠閒地度過，假期結束時「身體的核心溫度」會降低。

因此，我想推薦給各位的方法是「**心理暖身（Psyching-up）**」。

提高身體的核心溫度，可以讓幹勁在短時間內達到高峰。

順便告訴大家，「Psych」含有「使人振奮」、「使人情緒激動」的意思，這是又被稱為「能量控制」的心理訓練方法。

當我陷入收假症候群狀態時，不論我怎麼告訴自己「拿出你的幹勁」，身體就是跟不上。這時我只要做「心理暖身」，效果立刻就會顯現。

是否曾經看過運動員在比賽前，戴著耳機聽音樂同時隨意活動身體的樣子呢？其實那就是心理暖身，藉由讓心跳加快或體溫上升來提高專注力。

怎麼做心理暖身

不過，它並不只是慢慢搖晃身子就好。心理暖身的步驟如下：

【心理暖身的動作】

- Step 1：聽會讓人情緒亢奮的音樂。
- Step 2：加入簡單的動作，活動身體。
- Step 3：想像自己用最快的速度。

舉例來說，你可以在上下班通勤時聽著喜歡的音樂，同時用比平時更快的速度走著，下定決心：「好！今天下午6點要做完」；如果四周都沒人，「依著喜歡的音樂輕輕跳躍等，使心跳加速，提高身體的核心溫度」，效果也不錯。

我是養成習慣，走路時「用耳機聽音樂，用力縮小腹、背挺直，並且稍微加快走路的速度」。

實際嘗試之後，便慢慢感覺到體內愈來愈有能量。

當你因「收假症候群」等覺得身體很沉重時，請務必試著採用這個方法。

POINT

播放喜歡的音樂，稍微活動一下身體，就能消除身體的沉重感。

36
CONCENTRATION HACKS

「待辦清單」要講究順序

從容易的事做起，專注力就會提高

美國哈佛商學院的調查顯示

從容易任務著手的那一組，專注力最高。

什麼事應該先做？

你對處理任務的順序有什麼樣的策略呢？

假如處理的順序是沒多加思考、單純按照清單上的排序，那麼請你試著採取以下的原則。

「從簡單的開始做，慢慢就會產生自己的步調」。

事實上，研究已證實，從簡單的事物著手更能集中專注力。因為一樣樣處理的成就感會促使主管興奮的多巴胺分泌，提高專注力。

為各位介紹一項有趣的研究。

美國哈佛商學院進行了一項500人的調查。

首先，他們將所有人分成以下3組。

A組：從「重要」的任務處理起。

B組：「按照清單排序」處理任務。
C組：從「簡單」的任務處理起。

結果發現，從簡單任務處理起的C組專注力最高。
稍微思考一下就能理解。
假設你要學習某項技能。
現在有2項任務，「閱讀厚達400頁的英文專書」和「觀賞20分鐘的影片」。
你會選擇何者好讓學習進入步調呢？應該會毫不猶豫地選擇觀看影片，不是嗎？
這就是為什麼說「任務處理」的正確做法，是盡可能從簡單的任務做起。

複雜的任務要細分化

然而在現實中，總不會都只有那麼容易的工作。
這時在製作待辦清單時，不妨將任務進一步細分。

以「製作給ABC商事的企劃書」這類任務為例，就是拆成「構思企劃書的目錄」、「輸入企劃書大綱」、「輸入各頁文字」3個部分。

如果覺得「製作目錄」很簡單，不妨從這裡著手。事實上我在製作提案或講義時，一定從構思目錄開始。

這麼做會讓你的作業過程像推倒骨牌一樣順利進展。

請務必試著將任務拆解，從簡單的部分做起。

POINT

將任務細分，從簡單的部分做起。
這樣會更容易照著步調進行。

37
CONCENTRATION HACKS

如果會受幹勁影響，就多多安排「預定」的計畫

只要定出具體的計畫，執行的可能性便會上升300％

美國哥倫比亞大學的研究顯示

透過下列2個步驟來提升行動力。

Step1：將應做事項拆解到「行動層次」。

Step2：制定具體的計畫。

不需要幹勁

前些日子我聽到如下的談話。

「我平時會在YouTube上發布影片，但最近懶懶的……。目前停更中……。」

聽了這番話，我很擔心一件事。就是這人的行動會受到「動力」所影響。

我自己是即使動力不足，也不會讓它影響到我的行動。

……這麼一說，似乎會讓人感覺我好像擁有鋼鐵般的意志，但完全不是這樣的，我只是「井然有序地照著定好計畫去完成」。

我很訝異很少人知道，只要如此制定計畫，不管是誰來做，那個人的行動力都會提高，而且不受動力所左右。我強烈推薦這個方法。

如何制定不受幹勁左右的計畫

事實上，有項研究印證了這一點。

美國哥倫比亞大學教授海蒂・格蘭特・海佛森的研究指稱，只需照下列步驟做，採取行動的可能性就會提高３００％。

Step 1：首先，將應做事項拆解到「行動層次」。

Step 2：然後制定具體的計畫（將要做的事排出時間表）。

我真的只是照這樣做而已。

我甚至覺得它改變了我的人生，這麼說一點也不誇張。

學生時代的我常常是「看心情」決定上不上課；又或是一下要參加聚餐，後來又改成先不要好了，如此的反反覆覆。

後來我踏入社會，並找到一份銷售工作。不論刮風、下雨或是酷熱的夏天，每天都要拜訪數十位客戶。這雖然沒什麼大不了，但我因此痛切體認到，如果繼續「看心情」辦事我會無法做下去。

這時我採納了上司給我的建議，他本身就是一位頂尖的業務員。

他建議的方法就是「**盡量將要做的預定事項，具體地排入時間表**」。

當我嘗試之後，明白了一件事。

這就是在給未來的自己不斷出題目。而且我真切感受到，排入時間表就表示之後會井然有序地完成它。

愈是「麻煩的工作」愈要提前確定時間表，只要養成這個習慣，不但會讓人感覺這一天過得更加充實，相信日積月累下，人生也會走向更好的方向。

POINT

盡量不要受到動力所左右。
為此，愈是「麻煩的工作」愈要提前排入時間表。

38
CONCENTRATION HACKS

能讓無趣任務變得莫名有趣的「TKK法則」

TKK法則會讓工作變有趣

「工作形塑」

花些巧思改變視角，讓人感覺工作的價值。
「TKK法則」就是基於這理論的方法。

任何工作都可以很有趣

假如你感覺不到眼前的任務到底哪裡有趣，我希望你做一件事。

那就是「**TKK法則**」（取自日文Tanoshii-Kantan-Kouka的羅馬拼音首字）。

T：有趣化。
K：簡單化。
K：確認效果。

即藉由**納入這3項要素，幫助你培養出不受動力所影響，能夠長時間持續穩定工作的習慣。**

我在以前的著作《堅持力》（繁體中文版由台灣東販出版）一書中，也曾經介紹過這個方法。當我研究心理學、企管學等日本國內外的各種知識、見解，並整理養成習慣的要素，發現可以將其分成3大類。

3要素的重點

第一項要素是「T：有趣化」。**請試著「花些巧思」。**

只要加上一點點新的挑戰，如稍微改變資料的「版面配置」、仿效高手的做法等，工作立刻就會變得有趣。

這方法是基於「工作形塑」的理論。

這是由美國耶魯大學管理學院副教授艾美・瑞斯尼斯基（Amy Wrzesniewski）和美國密西根大學榮譽教授珍・E・杜頓（Jane E. Dutton）所提出的，旨在解釋讓所有工作做起來更有意義的方法，並展示「花些巧思」的效果。

接著是「K：簡單化」。**具體來說，就是盡可能不需要「準備」、「判斷」。**

前面介紹過提高「幹勁」前先消除「抗拒」的效果，讓我們像這樣消除開始著手之前心裡的抗拒吧。將準備工作減到最少，肯定會提高執行力。

最後是「K：確認效果」。請試著將成果「可視化」。

建議不要把處理完的任務從待辦清單中整筆塗消，而是☑打勾讓它可視化。研究發現，一旦把進度「可視化」，工作表現就會提升。

這印證了在美國哈佛商學院教授組織心理學的泰瑞莎・艾默伯（Teresa Amabile）所說的「進度法則」——「當人感受到自己確實正朝著目標前進，會愈來愈有動力」。

不論從事的是什麼行業，總是會有無趣的工作。即使這樣還是得做，這就是工作。這個TKK法則在這方面，對我的幫助很大。

POINT

工作並不有趣，是人讓工作變得有趣。不論多麼無趣的工作，透過「有趣化」、「簡單化」與「確認效果」這3招，就會變有趣了。

COLUMN 4

當保有發呆的時間，「靈感」就會降臨？（自在專注）

眾所周知，牛頓看到蘋果從樹上掉下來，於是發現了「萬有引力」。

這種「瞬間閃現的靈感」往往會解決迄今為止沒有找到答案的問題。

假使有方法能刻意引發這「瞬間閃現的靈感」，難道你不會想要知道嗎？

事實上真的有。而且還非常簡單。

就是有意識地保有「發呆」的時間。

因為這麼做會讓你更容易進入「自在專注」模式。

我在COLUMN1中告訴大家「做白日夢、自由發揮想像力的狀態」就是進入自在專注模式的狀態。

還說那種專注就像是「洗三溫暖時忽然想通了，煩惱迎刃而解」。

或是「旅途中眺望著風景時靈光一閃想到什麼點子」。

因此，**假使你坐在書桌前以「銘印專注」深入思索仍然得不到答案時，最好有意識地預留時間讓自己可以去公園、三溫暖或是咖啡館發呆。**

《以科學方式喚醒天才的靈光一閃　超級思考法》（暫譯，威廉・杜根〔William Duggan〕著，鑽石社）中介紹了將星巴克發展成一家世界級咖啡連鎖店的霍華・舒茲（Howard Schultz）的例子。

這則小故事正是「自在專注」所帶來的結果。情形大概如下：

- 一九八三年，舒茲在美國西雅圖的星巴克工作。當時的星巴克還只是一家咖啡豆專賣店。
- 舒茲去義大利米蘭出差尋找新家具，偶然走進一家咖啡吧。
- 舒茲喝著義式濃縮咖啡，突然靈光一閃：「何不試著將義大利的咖啡吧文化引進星巴克呢？」

有個詞叫「Eureka」，意指「恍然大悟」、「靈感乍現」的時刻。

它源自古希臘語，據說當初阿基米德在發現檢測黃金純度的方法時便大喊這個字。

所謂的自在專注就是刻意引發這「Eureka」時刻的手法。

最近，三溫暖在經營者和忙碌的商務人士之間掀起一波熱潮。這股熱潮或許顯示了許多人已感受到刻意保有發呆時間的效果了。

第5章

打造維持專注力的專注空間之「環境技巧」

39
CONCENTRATION HACKS

擺放「植物」要左右對稱

當綠視率達到10～15%，專注力就會提高

「綠視率」

即綠色植物在人的視野中所占之比例。
如果植物擺放得左右對稱，減輕壓力的效果會更高。

不能小看「綠視率」的功效

只是改造環境便能提高專注力，你有過這類的經驗嗎？

這一章我將要為各位介紹這類環境的「打造法」。

事實上，關於「打造能夠集中專注力的環境」這個課題，不僅是大學等的研究機構在驗證而已，許多企業也都有在進行研究。打造環境對於維持專注力，就是有著如此舉足輕重的關鍵作用。

本章中我要鎖定幾個我曾經親身實踐、真的值得推薦，並具有實證效果的方法。

首先要先介紹的是「綠視率」。

請試著在桌面或地上放置植物看看。光是這樣就能有效提高專注力。

在此**「綠視率」指的是，綠色植物在人所看到的視野內所占之比例。**

研究已證實提高「綠視率」可使人的專注力上升，而要提高專注力，一般認為**綠視率最好要達到10～15％。**

當身處在布置有綠色植物的空間裡，壓力荷爾蒙「皮質醇」的分泌會受到抑制。人在感到壓力時身體會分泌皮質醇，因此分泌受到抑制後會使得專注力更容易恢復，並有助於保持專注力。

擺放植物也有訣竅

有一項跟KOKUYO、JINS等企業合作的計畫，在向日本經濟產業省提交的「工作方式改革示範事業報告」（二〇一八年）中，所公布的數據十分發人深省。經過研究驗證，當人在一個將植物作最妥當配置的房間裡工作時，**專注力會上升8％。**

另外，澳洲墨爾本大學有一項這樣的研究。在無趣的打字作業中插入40秒的休息時間，並分成2組測試，**一組邊休息邊看著充滿綠意的屋頂影像、一組邊休息邊看著商業區水泥屋頂影像。經過驗證後發現前者的輸入錯誤減少，而且專注力恢復得更好。**

除此之外，針對植物的擺放位置，也驗證出某件有趣的事實。

在某項研究中，發現「**左右兩側對稱地擺放植物最能減輕壓力**」。因此遠距工作時，光只是在電腦旁放小盆的觀葉植物也能減輕壓力，並且更容易保持專注力。

我也會在書桌旁擺放人造的植物盆栽。外觀精巧，幾可亂真。但同樣具有光觸媒的除臭效果，最重要的是不需照顧而很省事，我很滿意這點。

POINT

觀葉植物擺放得左右對稱，專注力會更好。

40
CONCENTRATION HACKS

要想瞬間進入專注狀態，請利用「香氣」

利用芳療精油的香氣啟動專注力的開關

「芳療精油擴香」

擺放擴香器具，專注力便上升5%
（根據工作方式改革示範事業報告）。

「家中的氣味」會導致專注力降低

在遠距工作時，相信也有不知為何就是無法保持專注力的時候。主要的因素之一，常常是因為「家中有的一些氣味」。

身為腦波研究的權威、日本杏林大學的榮譽教授古賀良彥這麼說：「**當事人沒有意識到的家中氣味，可能會對腦部造成負面影響。**」

事實上，據說在教授與P&G合作進行的實驗中，在人感受到汗味、體臭的情況下，作為專注力指標的腦波會降低10・8%。

因此，我要推薦給各位一個方法。

遠距工作想要提高專注力時，**請聞一聞芳療精油的香氣**。

這是因為當我們聞到香氣時，就等於是對腦部發出「好！進入工作模式了！」的開工信號。

據前一小節分享的「工作方式改革示範事業報告」（二〇一八年）指出，**進入工作空間之前，使用芳療精油擴香，可使專注力提升5%**。

提高專注力的香氣是指什麼？

我也相當在意工作空間的氣味。

一直在努力尋找適合自己的香氣，試過無數的芳療精油擴香、室內芳香劑、線香……等等。並實際感受到每一樣的功效。

現在，我最熱中的方法是薰香，就是將從藥妝店買來的「純薄荷油」滴在面紙上，再放置於書桌上。我覺得沒有比這個更直接有效的香氣，而且效果會立刻顯現出來。即便是覺得身體「沉重」的早晨也能一下子清醒過來，進入專注模式。

話雖如此，但這個方法很因人而異，並不建議所有人都這麼做。

我要推薦給各位的是**檸檬、胡椒薄荷、迷迭香或尤加利**等，這些具有提高專注力作用的香氣。

要在空間中噴灑「芳療精油噴霧」也好，將1～2滴精油滴在面紙上的「薰香」也好，何不多多嘗試看看呢？

講究氣味不僅能幫助你集中精神，還能讓你感覺一整天都過得很充實。

POINT

沒意識到的「家中有的一些氣味」會導致專注力降低。進入工作空間前使用芳療精油擴香，專注力就會提高。

41
CONCENTRATION HACKS

即使是「不含咖啡因」的咖啡也能集中專注力

能提高專注力的咖啡具有雙重效果

咖啡因的效果

香氣的效果

「咖啡因和香氣的效果」

即使是一杯咖啡也可有效提升專注力。
建議的咖啡香氣是巴西聖多斯、曼特寧、夏威夷可娜。

2種效果使專注力提升

咖啡能提高專注力早已眾所皆知，但**如果知道「咖啡具有雙重效果」，相信你對咖啡會更加愛不釋手。**

第1個是咖啡所含的咖啡因效果。

首先，它能有效抑制飯後的睡意。

當我們攝取的食物轉換成能量時所產生的腺苷（Adenosine，代謝物）與腺苷受體結合，我們就會感到睏意。可是一旦攝入咖啡因，就能阻礙腺苷與受體結合，因此能夠抑制睡意。

那麼，攝取多少咖啡因的量才是最好的呢？

根據日本東京福祉大學的論文《日常生活中咖啡因的攝取》具體指出：

- **50毫克的咖啡因即可產生興奮作用**（1杯咖啡）。
- 每日攝取量**控制在300毫克以內較為適當**（6杯咖啡）。

千萬不可過量飲用，但能夠有效地攝取是好的。

第2個是咖啡「香氣」的效果。

在古賀良彥教授的研究中也提到，咖啡的香氣具有提高專注力的效果。雖然也可以期待配方豆（Blend）帶來的效果，但是巴西聖多斯、曼特寧、夏威夷可娜等單品豆（Single Origin），據說更能有效提高專注力。

換句話說，**即使只是擺在桌上不去喝它，香氣的效果也能有效提高專注力。**

有效利用不含咖啡因的咖啡

有件事令我覺得很神奇。

傍晚以後，我會盡量喝不含咖啡因的咖啡，以免妨礙睡眠。**但即使不含咖啡因，我仍然感受到咖啡帶來恢復專注力的效果。**

這正是香氣的功效。

不論熱咖啡或是冰咖啡，我通常是早上和白天喝配方豆咖啡，傍晚以後喝無咖啡因的咖啡。

在日常生活中飲用不含咖啡因的咖啡，既可防止攝取過量的咖啡因，也不會干擾睡眠，還依然會產生興奮作用、提高你的專注力。我要把這方法推薦給想有效地攝取咖啡，或是不喜歡咖啡因的人。

想要集中專注力時，何不將咖啡變成你的盟友呢？

POINT

咖啡具有「咖啡因」和「香氣」的雙重功效。不喜歡咖啡因的話，喝不含咖啡因的咖啡也能獲得提升專注力的效果。

42
CONCENTRATION HACKS

刻意改用「環境音」當背景音樂

聽背景音樂無法提升專注力。但是，環境音卻可以！

「環境音」

如海浪聲、雨聲、篝火聲或咖啡館內的喧囂聲等。
「遮蔽效應」和「1/f 雜訊」可以使專注力集中。

沒有背景音樂比較好？

人們常說「有背景音樂會更集中專注力」，但需要小心一點。因為研究發現，事實上**對某些人來說，背景音樂會降低他們的專注力。**

首先，**對於不習慣在作業中聽音樂的人，沒有背景音樂更能集中專注力。**

在日本和歌山大學的研究中發現，不習慣在作業中聽音樂的人，一旦邊聽音樂邊念書，專注力便會很難集中。而且他們還觀察到，作業過程中有音樂，他們反而會感到心浮氣躁。

那麼，像我這種習慣在工作中聽背景音樂的人，又該如何是好呢？

這項研究雖然沒有發現專注力難以集中的情況，但令人意外的是，有證據顯示「它對提高專注力沒有作用」。

這樣說來，意思是最好保持安靜無聲嗎？倒也不是。

我建議**用「環境音」當作背景音樂。**

所謂「環境音」指的是波浪聲、雨聲、燃燒篝火的聲音或咖啡館內的喧囂聲等。

因為如果安靜無聲的話，周遭的談話聲、車聲等就會顯得格外突出，常常稍微有點聲響便會感到在意。

這種「環境音」還會產生「遮蔽效應（Masking effect）」，掩蓋掉四周的噪音，是當你想集中專注力時的最佳選擇。

聰明使用音樂

「環境音」的作用不僅如此。

它還含有能提高專注力的「1/f 雜訊」。

順帶說明一下，「1/f 雜訊」指的是兼具「規則性」和「不規則性」的聲音。例如：海浪聲和雨聲確實很規律，但當中也混雜了不規律的聲音，所以會出現1/f 雜訊。

在前面的章節有介紹過番茄鐘工作法。

我使用這個技巧時，很喜歡聽YouTube上「番茄鐘工作法用」的「環境音」，尤其是海浪聲。感覺很舒服，而且能有效集中專注力。

不過，也許有人會這樣覺得：「只有環境音實在無趣。」

如果是這樣，**平常習慣邊聽音樂邊做事的人不妨就聽音樂吧。**雖然不能提高專注力，但還是會達到放鬆的效果，可以在作業中感到愉快。

「只為了集中專注力而聽環境音」，人不可能如此自我克制。感覺舒服也很重要，妥善地將音樂融入工作中也是一個明智的選擇。

POINT

背景音樂不會提高專注力。反而應該要小心。不過，「環境音」確實會提高專注力。

43
CONCENTRATION HACKS

用「坐骨」坐，提高專注力

保持正確坐姿的2個訣竅

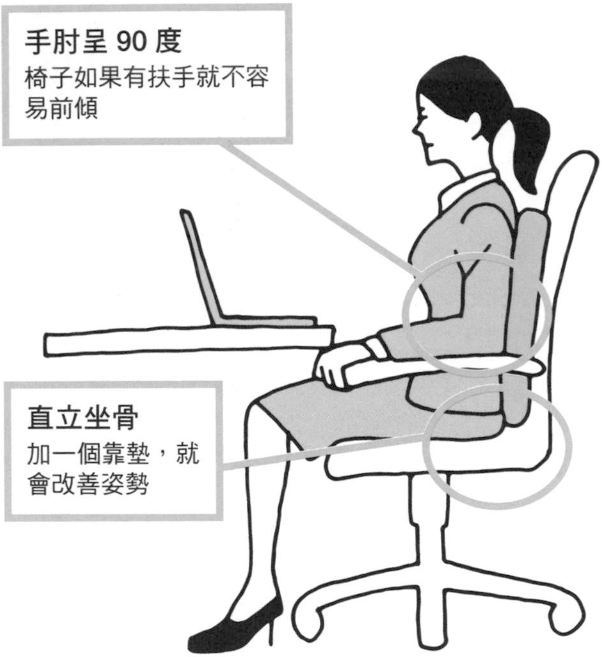
手肘呈 90 度
椅子如果有扶手就不容易前傾
直立坐骨
加一個靠墊，就會改善姿勢

日本櫻美林大學的調查顯示

改善坐姿後再來解計算題，
解題速度會加快約5～10%。

為什麼最好注意自己的坐姿

據說日本人坐著的時間，比世界上其他人都還要久。

澳洲雪梨大學的研究人員調查全球20個國家和地區的成年人，**發現日本人每天要坐7個小時（中位數）。**

根據日本櫻美林大學鈴木平教授的調查顯示，**當人改善坐姿後再來解計算題，解題速度會加快約5～10%。**因此對於需要久坐的人來說，確實不容忽視坐姿帶來的影響。那麼，應該要怎麼坐才好呢？

正確答案是，「**用坐骨坐**」。

各位可能會心想，「坐骨」是哪裡啊？

「坐骨」就是骨盆底部的骨頭。

請見右頁的插圖。這種坐法就能直立「坐骨」坐著，可以大幅度地減輕疲勞。

建議的物品

可是改善坐姿說來容易，做起來卻很難。我自己也是如此，要一直保持坐骨直立地坐著很累。

身體會在不知不覺間慢慢向前傾，雖想要維持坐姿，但最後通常會變成肩部、頸部跟腰部都感到痠痛。

事實上為避免這樣的結果，「椅子」的選擇極為重要。

首先，最好選擇有扶手的椅子，讓手肘可以呈90度。因為將手肘擺在扶手上，可以讓人自然地保持身體挺直，而不會對身體造成負擔。我也是選用這樣的椅子，如此一來身體就不會前傾，非常有用。

假使真的必須坐餐桌用的椅子工作，建議直立坐骨，並準備一個可以讓脊椎呈自然S形的靠墊。

除此之外，也很推薦在椅背上加裝靠墊來支撐腰椎。我也是這麼做的，有了這個靠墊，即使背靠在椅背上也能保持坐骨坐姿，不容易感到疲勞。

我有腰痛的老毛病，長時間坐著容易感到疼痛，但靠著這些物品的幫助，我確實感到能夠長時間集中專注力。

另外，如果周圍沒有人，也可以採用「單腳盤坐」的姿勢。這樣就能自然地「用坐骨坐」、背也能挺直，更容易保持專注。

POINT

只是端正坐姿，解題速度便會加快。愈是經常久坐的人，愈需要留意坐姿。

44
CONCENTRATION HACKS

無法集中專注力時，就換個地方

只要「換個地方」，就能活化腦部

「位置細胞」

一旦改變地方，這種細胞就會活化腦部，
能讓記住的單字量增加40%。

只要換個地方，就能活化腦部

待在同一個地方工作久了，有時也會陷入僵局。

這種時候，你是否想過「要去咖啡館工作嗎」？

這個想法很合理。**因為「換個地方」將會活化你的腦部。**

二〇一四年，約翰・奧基夫（John O'Keefe）博士等人，因一項歷史性的發現獲得諾貝爾生理與醫學獎。

他們發現腦部中有一種能夠「感知位置」的「位置細胞」。

舉例來說，假設你在睡覺時被人搬移到某個地方。

當你醒來時，宛如GPS一樣能辨識出自己身處「另一個地方」，將它想成是這樣的能力，可能會比較容易理解。也就是說，我們與生具備一種「感知位置的精密能力」。

接著，再繼續進一步解釋。

事實上在更早以前，即一九七〇年代中期，就有過一項實驗證實「位置細胞」的作用。該實驗顯示，**只是換個地點念書，記住的單字量就增加了40%以上**。

這是因為「位置細胞」受到改變地方的刺激，進而活化了腦部。

在此我有個提議。**當你一直在同一個地點作業，感到「快要窒息」時，就乾脆換個地方吧。**

只是換個地方，就能活化腦部、使專注力恢復。

如果是遠距工作，有時在家裡的書桌工作、有時待在客廳工作……，像這樣換個地方工作也是一個策略。或者「去咖啡館工作」應該也不錯。

▼什麼地方「最難集中專注力」？

根據眼鏡製造商JINS設置的單人工作空間「Think Lab」的調查，日本人最難集中專注力的地方竟然是「辦公室」。

平均每11分鐘，就會因為「別人跟你說話」或是「查看電子郵件」而受到干擾。感覺這個事實似乎沒有反駁的餘地。

儘管如此，我們有時還是只能待在辦公室裡工作。

這種時候，如果有個公共空間，或是空的會議室可使用，轉移到另一個地點作業也不錯。

不過也要視公司的實際情況，需要多加注意。

在一個不習慣離開坐位工作的職場，事先取得工作方式的共識很重要，這樣彼此都能愉快地工作。

當然非常建議正在閱讀本書的你試看看，何不找大家一起嘗試看看這種改變位置的方法呢？

POINT

有研究顯示，只是換個地方，記憶力便提高40%。當感到快窒息時，乾脆換個地方作業。

45
CONCENTRATION HACKS

如果想保持專注力，也要特別留意室溫

想要專心時，請設定在22～26℃之間

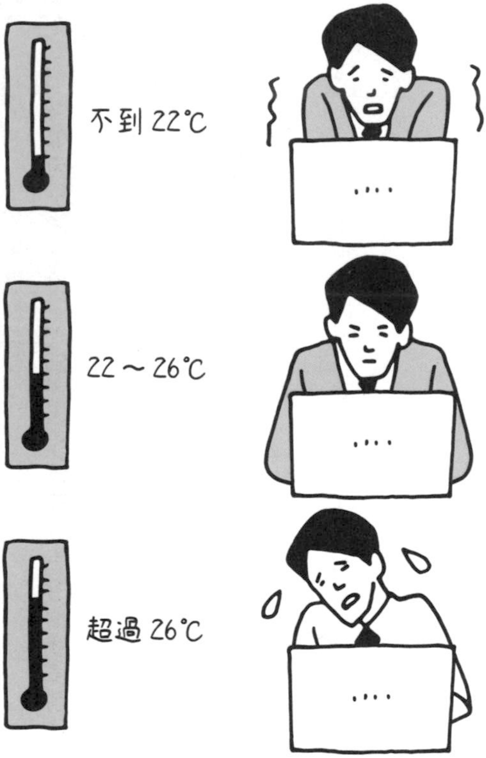

室溫與專注力的關係

溫度從20℃調高到25℃，讓打字錯誤減少44%，
打字的文字量增加150%！

專注力會隨著室溫出現明顯變化

日本環境省的官方網站上有段這樣的文字：

「日本環境省建議，夏季將室溫設定在28℃，冬季設定在20℃，以節約能源並且不至於降低舒適度。」

從節約能源的觀點來看，我當然很想這麼做；可是若想集中專注力，我不得不說這樣的設定不好。

有許多研究已經清楚指出，室溫如果未保持在22～26℃之間，則會削弱專注力。

想集中專注力時，首先就把空調設定在22～26℃之間吧。

接著我要介紹幾個支持如此說法的研究。

有關「室溫與專注力」的研究

- 將室溫從20℃調高到25℃，打字的錯誤將會減少44%，並且打字的文字量增加150%。

（根據美國康乃爾大學艾倫・赫奇〔Alan Hedge〕等人的研究）

- 工作生產力最高的溫度是22℃。

（根據芬蘭赫爾辛基理工大學、美國勞倫斯・伯克利國家實驗室的共同研究）

- 以室溫來說，一般辦公室建議設定在26℃。

根據約100名電訪員1年1萬3169人份的通話數據，去分析室內環境與生產力的關係，發現從25℃上升到28℃時，生產力下降了6%。

（根據日本早稲田大學理工學術院田邊新一教授）

- 與25℃時相比，在28℃的環境下工作8小時，最後1小時的工作表現下降約15%。

（根據東京疲勞和睡眠診所院長梶本修身）

雖然數值不一，但可以歸結出，在保持專注力方面，22～26℃是最佳溫度。

作為一個培訓講師，我也深切感受到室溫的重要性。

確實有辦公室從節約能源的觀點將室溫設定為28℃，但在開始上課的大約3小時後，學員便漸漸露出疲態。

在這時我會問所有學員：「有沒有人覺得會熱？」大約3分之1的人會回答「有點熱」；然後當我將室溫調到25℃上下，立刻清楚看到學員們的專注力恢復了。

建議各位，只在想集中專注力的時候，將室溫設定在22～26℃之間。

POINT

在政府建議的夏季28℃、冬季20℃的室溫下，專注力會降低。只在想集中專注力的時候，將室溫設定在22～26℃。

46
CONCENTRATION HACKS

如果會心繫智慧型手機，就改變放置處

只是收在口袋裡是不行的。放在別的房間才是正解！

美國德州大學的調查顯示

進行測驗時發現，得分最高的是將智慧型手機「放在別的房間」那組；最低則是「放在面前」那組。

專注力的最強勁敵「智慧型手機」

最後要談的是「智慧型手機」，這是集中專注力一個非常重要的主題。

假如你**會不自覺地去摸手機，或是會想滑手機的話，請改變放置手機的地方。**

我也是動不動就想拿起手機的人之一。不但滑手機的時間比和家人相處的時間要長，而且就算說手機早已是我的拍檔，也一點都不誇張。

可是，如果想保持專注力，就不能屈服於手機的誘惑。

我在本書的第1章中，談到多工會導致「專注力急遽下降」；第2章則說「分心只需0.1秒，但恢復專注力卻需要23分鐘」。而會讓人忍不住分心、助長多工作業的智慧型手機，則是專注力的最強勁敵。

智慧型手機不能收在口袋裡

首先，如果你會不自覺地伸手摸手機，請試著「**工作時將手機放在『別的房間』或是『玄關』等的其他空間**」，從這樣的行為做起。

由美國德州大學心理學家阿德里安・沃德（Adrian Ward）所做的一項調查，其結果不容我們忽視。

他將800名受試者分成把智慧型手機「放在別的房間」、「放入口袋」、「放在面前」3組，並進行多次測驗。結果不出所料，「放在別的房間」那組的成績最好，分數最低的則是「放在面前」那組。

到此為止都不意外。但值得注意的是，連把智慧型手機放入口袋那組的成績也下滑。因為只是放入口袋的話，還是會意識到手機的存在。

不過，如果你覺得「放在別的房間有點麻煩……」，請試試我的做法。只是將智慧型手機**放在手搆不到的地方，也能獲得相同的效果。**我在幫手機充電時會把它放在視線之外、伸手也搆不到的書桌一角，這樣我就不會想要去碰手機了。

相信也有些時候，即使這樣仍然抵擋不了智慧型手機的誘惑。

這種時候，何不乾脆考慮使用「**附有定時鎖的容器**」？這是以前在電視上介紹過，日本的猜謎大王松丸亮吾在需要專心時所使用的道具，因而引起討論的話題。由於在設定的時間之前，都無法開啟盒蓋，所以看來確實不會再伸手去拿智慧型手機。

有辦法克服智慧型手機的誘惑，是能幹的職場人必須具備的技能。

請務必找到適合自己的方法。

POINT

若會不小心伸手去拿智慧型手機，那就放在搆不到的地方。或是其他自己覺得有效的做法也OK。

47
CONCENTRATION HACKS

如果無論如何都會被智慧型手機分散專注力，請調成「灰階」

一旦調成「灰階」，便覺得看手機很麻煩

「彩色模式」→犒賞系統受到刺激。

「灰階模式」→犒賞系統的刺激消失。

▼「灰階」的功效

在此為各位介紹，我為了遠離智慧型手機而親自實踐的方法。先告訴各位，由於這方法的效果太好，反而令我感覺危險，大約2個月後就暫停使用了。

這方法就是，把智慧型手機的螢幕調成灰階（黑白）。

首先來介紹它的理論吧。Google前設計倫理負責人崔斯坦・哈里斯（Tristan Harris）為我們說明了如下的解釋。

「灰階會去除透過給予刺激來使行為增加的『正增強』效果，弱化無法不瀏覽社群媒體動態、玩遊戲的衝動。」

意思就是，透過將所謂的「與犒賞系統相關的刺激」變成黑白來加以抑制。

當我們看到牛排肉汁四溢的彩色照片，的確會「好想吃啊」；但如果是看到單色調的照片，應該就不會這麼「想吃」吧。

讓人開始對智慧型手機感到麻煩的設定法

那麼，現在來分享我自己的經驗。

當我一改成灰階，立刻減少了查看手機的頻率。

首先，ＡＰＰ的圖示變得很難辨別。這讓我有點不爽。

更甚者是，我會覺得「YouTube一點都不有趣……」。

我自己也是頻道的創作者，所以平常就有查看YouTube的習慣。但我在螢幕轉成灰階後，開始對用手機看影片感到痛苦，於是決定用個人電腦看YouTube。

漸漸地，我開始覺得看手機很麻煩，包括使用其他的ＡＰＰ也一樣，這使得我滑手機的頻率銳減。

不過，發生了一個令我困擾的狀況。

我回覆發布在YouTube和Voicy上留言的速度開始變慢。

但這並不是我的目的。因此，我基於自身的考量決定不再使用灰階。當你認真想戒除智慧型手機時，這招相當有效。

接下來介紹具體做法，請務必嘗試看看。

〔iOS的設定法〕

設定→輔助使用→顯示器調節→

點擊「顏色濾鏡」將它開啟，並選擇「灰階」。

〔Android的設定法〕※因機種而異。

設定→協助工具→文字與顯示→色彩校正→

利用「校正模式」選擇「灰階」。

（或是開啟設定中的「開發人員選項」→模擬色彩空間→選擇「全色盲」。）

POINT

只要將手機螢幕改成灰階模式，反而會開始覺得看手機很麻煩。

結語

單靠閱讀不會讓人生變得更好。你需要的是……。

感謝各位讀到最後。

我在本書中詳細說明了提高專注力的重要性以及具體方法和習慣。

若想要在忙碌的生活中，能更有效率地達成目標、完成想做的事情，為此專注力就是我們所不可或缺的技能。

說它是讓我們的人生更加豐富的前提應該也不為過。

不過，請讓我在此告訴各位一件重要的事。

在社會上打滾並沒有那麼容易，光靠閱讀不會讓你的人生變得更好。

這是我的肺腑之言。

如果可以光靠閱讀就讓人生好轉的話，那讀了30本書應該就不會再有煩惱，過著與忙碌無緣的生活了。

然而，事情並非如此。

因此，最後請容我說幾句，為各位加油打氣。

我要分享「**學習固著率**」的概念。

「學習固著率」是美國國家實驗室提出的一項指標，它代表了長期下來我們能夠記住多少自己曾經學習過的知識。

根據這項指標，「閱讀」的學習固著率僅僅只有10%。

換句話說，即使讀了一本書，也頂多只能吸收到其中10%的內容。

因此，就算各位讀完本書，但人生並不是單靠閱讀就能變得更好，人生不是件容易的事。

那麼，該怎麼做才能讓學過的知識成為自己的養分呢？

解決的方法其實很簡單。

就是「**實踐**」，只需要這樣就好。

透過親身實踐，學習固著率確實就會提升到75％。

這和看過食譜，但沒有實際做過就學不會是一樣的道理。

這和看過講解運動的書，但除非實際下場練習，否則不會進步也是一樣的道理。

要學會一樣東西唯有靠親身實踐。

因此我在本書的「前言」也曾經說過，請「至少實際嘗試1項看看」。你的專注力絕對會有突飛猛進的提升。

其結果就是，你開始能夠在短時間內處理很多事情，並過著從容寬裕的生活。

但我想再提供一個建議。

事實上，有個方法能讓學習固著率提高到90％。

那就是「**教導別人**」。

透過教學可以讓學習固著率躍升到極致。

同時，也請將你實踐的內容分享給你身邊重要的人。

這不僅對你自身有益，你身邊的人也將有機會像你一樣讓人生變得更好。

既然讀到了最後，你肯定懷抱雄心壯志，並且兼具能力和技術。今後繼續學習、不斷成長，將會幫助你提升到更高的層次。

剩下的就只是實踐。決定「要做」的事，就請務必實際做做看。

在你迎向新階段的挑戰上，我會一直給予支持和鼓勵。

RASISA LAB股份有限公司代表董事、人才培訓講師

伊庭正康

参考資料和文献

PR TIMES〈勉強時間と学習の定着・集中力に関する実証実験〉
https://prtimes.jp/main/html/rd/p/000000562.000000120.html

BBC News Japan〈ＳＮＳを見続けてしまうからくり　仕掛け人の間にも懸念〉
https://onl.bz/uQUUyw7

《限りある時間の使い方》オリバー・バークマン著，高橋璃子譯，かんき出版

《ヤバい集中力》鈴木祐著，ＳＢクリエイティブ

《4 Focus 脳が冴えわたる４つの集中》青砥瑞人著，KADOKAWA

《人生を変える集中力の高め方　集中力が劇的に向上する６つの話》ステファン・ファン・デル・スティッヘル著，枝川義邦、清水寛之、井上智義監修，徳永美恵譯，ニュートンプレス

《SINGLE TASK　一点集中術「シングルタスクの原則」ですべての成果が最大になる》デボラ・ザック著，栗木さつき譯，ダイヤモンド社

STUDY HACKER〈成功者の習慣８個。続ければ年収が４倍に!?〉
https://studyhacker.net/successful-people-habits

厚生労働省「ｅヘルスネット」
https://www.e-healthnet.mhlw.go.jp/information/heart/k-02-001.html

《スタンフォードの自分を変える教室》ケリー・マクゴニガル著，神崎朗子譯，大和書房

OXFORD ACADEMIC〈Respiration-timing-dependent changes in activation of neural substrates during cognitive processes〉
https://academic.oup.com/cercorcomms/article/3/4/tgac038/6696699

Roberts Wesleyan University〈35,000 Decisions: The Great Choices of Strategic Leaders〉
https://go.roberts.edu/leadingedge/the-great-choices-of-strategic-leaders

Psychology Today〈How Many Decisions Do We Make Each Day？〉
https://www.psychologytoday.com/int/blog/stretching-theory/201809/how-many-dedecisions-do-we-make-each-day

ログミー Biz〈日本人は生まれつき悲観的？·中野信子氏が解説する不安の脳科学〉
https://logmi.jp/business/articles/152071

新潟市醫師會
https://www.niigatashi-ishikai.or.jp/citizen/cranial/cranial-memo/202210282130.html

《デスクワーク中に可能な運動として行う微小揺脚運動（貧乏揺すり）：経絡自律神経活動の変化》（特別講演1，第23回生命情報科学シンポジウム）
https://cir.nii.ac.jp/crid/1390001288134857984

《カラダのキモチ》
https://hicbc.com/tv/karada/archive/20100103/

Taylors & Francis Online〈Call Center Productivity Over6 Months Following a Standing Desk Intervention〉
https://www.tandfonline.com/doi/abs/10.1080/21577323.2016.1183534?jounalCode=uehf20

《モチベーションの心理学「やる気」と「意欲」のメカニズム》鹿毛雅治著，中央公論新社

《「変化を嫌う人」を動かす》ロレン・ノードグレン、デイヴィッド・ションタル著，船木謙一監譯，川﨑千歳譯，草思社

《やり抜く人の９つの習慣　コロンビア大学の成功の科学》ハイディ・グラント・ハルバーソン著，林田レジリ浩文譯，ディスカヴァー・トゥエンティワン

再春館製薬所〈１週間を元気に過ごす！気持ちのいい月曜日の朝を迎えるには〉
https://www.saishunkan.co.jp/labo/report/rhythnm_data1

東京医科大学　精神医学分野　産業精神医学支援プロジェクト〈早起きは三文の損：朝型人間の夜ふかしと、夜型人間の早起きが生産性低下と関連〉
https://team.tokyo-med.ac.jp/omh/news/202203_chronotype/

STUDY HACKER〈アマゾンが新オフィスを〝植物だらけ〟にした興味深い理由。視界のグリーンがもたらすメリットがすごい！〉
https://studyhacker.net/office-green

日本の人事部　健康経営〈緑視率〉
https://jinjibu.jp/kenko/keyword/detl/1414/

プロクター・アンド・ギャンブル・ジャパン株式会社〈家庭のニオイが子どもの集中力を低下させることが明らかに〉
https://prw.kyodonews.jp/prwfile/release/M101519/201612127110/_prw_OR1fl_RrRQ50La.pdf

日本健康心理学会大会発表論文集〈コーヒーの香りが集中度としての情報処理能力に与える効果〉
https://www.jstage.jst.go.jp/article/jahpp/33/0/33_P24/_pdf/-char/ja

東京福祉大学〈日常生活の中におけるカフェイン摂取〉
https://www.tokyo-fukushi.ac.jp/introduction/research/images/bulletin/bulletin06_02.pdf

NewsPicks〈コーヒーの香りが集中力をアップさせる科学的根拠とは〉
https://newspicks.com/news/2893085/body/

和歌山大学〈計算および記憶課題に及ぼすＢＧＭの影響について〉
https://core.ac.uk/download/pdf/198554489.pdf

理化学研究所　脳科学総合研究センター〈Place cell（場所細胞）とGrid cell（格子細胞）―２０１４年ノーベル生理学・医学賞を解説する―〉
https://bsi.riken.jp/jp/youth/place-cell_and_grid-cell.html

ダイヤモンド・オンライン〈勉強する場所を変えるだけで、テストの点数が良くなる!?〉
https://diamond.jp/articles/-/83900

環境省〈家庭のエネルギー事情を知る〉
https://www.env.go.jp/earth/ondanka/kateico2tokei/html/energy/detail/06/

STUDY HACKER〈生産性を上げたければ「温度」と「湿度」に気を配れ!?　最適な作業環境を徹底的に考察してみた。〉
https://studyhacker.net/columns/best-temperature-efficiency

AERA dot.〈オフィスの温度「28度設定」の根拠は50年前の研究〉
https://dot.asahi.com/aera/2016072600185.html?page=1

ダイヤモンド・オンライン〈室温28度のオフィスで仕事の生産性は15％落ちる〉
https://diamond.jp/articles/-/140185?page=2

WIRED〈スマートフォンへの依存を防ぐには、「グレースケール設定」が効果的?〉
https://wired.jp/2020/01/30/grayscale-ios-android-smartphone-addiction/

作者
伊庭正康（Iba Masayasu）
RASISA LAB股份有限公司代表董事。

1991年進入瑞可利（Recruit）集團，從事銷售業務工作，專為企業客戶服務。4度獲得年度全國頂尖業務員、頂尖經理人獎，累計接受表揚超過40次。之後，歷任業務經理、關係企業From A Career股份有限公司的代表董事。
2011年成立培訓公司RASISA LAB，為業界的龍頭企業服務，針對業務技巧及領導能力相關主題（業務培訓、業務主管培訓、指導技巧、演講），每年舉辦200場以上的講座，學員回流率超過九成。亦經常獲邀《日本經濟新聞》、《日經Business》、《The 21》等多家財經報章雜誌訪問。同時，也在全球線上知名學習平台「Udemy」，開設業務技巧、領導能力、時間管理等相關課程並創下佳績。
著有《好的業務只做這些事》（暫譯，PHP 研究所）、《工作迅速的人不會用的做事法》、《完成目標的主管絕對不用的團隊術》（2本皆為暫譯，日本実業出版社）等30多本書。繁體中文版的著作則有《當責主管就是要做這些事！》（方舟文化）等。

※另外，免費電子報（共8次）:「RASISA LAB免費電子報」、
YouTube：「進修教練伊庭正康的skill up channel」、
Voicy：「每天5分鐘skill up radio」也廣獲好評。

日文版STAFF
設計　菊池祐
插畫　岡田丈
圖文排版　野中賢 / 安田浩也（システムタンク）
校對　共同制作社

超專注力對策
科學實證47項立即有感的心智集中法

2024年4月1日初版第一刷發行

作　　者　伊庭正康
譯　　者　鍾嘉惠
編　　輯　吳欣怡
封面設計　水青子
發 行 人　若森稔雄
發 行 所　台灣東販股份有限公司
＜地址＞台北市南京東路4段130號2F-1
＜電話＞(02)2577-8878
＜傳真＞(02)2577-8896
＜網址＞http://www.tohan.com.tw
郵撥帳號　1405049-4
法律顧問　蕭雄淋律師
總 經 銷　聯合發行股份有限公司
＜電話＞(02)2917-8022

國家圖書館出版品預行編目資料

超專注力對策：科學實證47項立即有感的心智集中法／伊庭正康著；鍾嘉惠譯. -- 初版. -- 臺北市：臺灣東販股份有限公司, 2024.4
232面；12.8×18.2公分
ISBN 978-626-379-290-6（平裝）

1.CST：注意力 2.CST：成功法

176.32　　113002188

YARUKI ZERO KARA FLOW NI HAIRU
CHO SHUCHU HACK